Paleo Kulinarny Świat
Rewolucja Smaku i Zdrowia

Marta Nowak

Spis treści

Wędzone żeberka z jabłkami i sosem musztardowym 9
rozdarty 9
Zanurzenie 9
Pieczone kotlety schabowe BBQ z sałatką ze świeżego ananasa 12
pikantna wieprzowina 14
Gulasz 14
Przełęcz 14
Włoska kiełbasa marinara z klopsikami z pokrojonym koprem włoskim i smażoną cebulą 16
klopsy 16
marynata 16
Łódeczki z cukinii faszerowane wieprzowiną z bazylią i orzeszkami piniowymi 19
Miseczki z makaronem wieprzowym w curry ananasowym z mlekiem kokosowym i ziołami 21
Pikantne grillowane kotleciki wieprzowe z pikantną sałatką z ogórka 23
Pizza z cukinii z pesto z suszonych pomidorów, słodką papryką i włoską kiełbasą 25
Udziec jagnięcy wędzony z cytryną i kolendrą z grillowanymi szparagami 28
gulasz jagnięcy 30
Gulasz jagnięcy z makaronem z korzenia selera 33
Kotleciki jagnięce z pikantnym granatem i sosem daktylowym 35
Chutney 35
Kotlety jagnięce 35
Kotleciki jagnięce Chimichurri z duszoną kapustą radicchio 37
Kotleciki jagnięce smarowane ancho i szałwią z remuladą z marchwi i batatów 39
Nadziewane burgery jagnięce z ogrodu z coulisem z czerwonej papryki 41
coulis z czerwonej papryki 41
hamburgery 41
Szaszłyki jagnięce z podwójnym oregano i sosem tzatziki 44
udziec jagnięcy 44
sos tzatziki 44
Grillowany kurczak z szafranem i cytryną 46

Zepsuty kurczak z sałatką jicama 48

kurczak 48

Sałatka z kapusty 48

Grillowane udka z kurczaka z wódką, marchewką i sosem pomidorowym 51

Poulet Rôti i frytki z rutabagi 53

Coq au Vin z trzech grzybów z purée z rutabagi 55

Beczki glazurowane brzoskwiniową brandy 58

Glazura brzoskwiniowo-brandy 58

Kurczak marynowany w Chile z sałatką z mango i melona 60

kurczak 60

Sałatka 60

Udka z kurczaka w stylu Tandoori z raitą z ogórkiem 63

kurczak 63

Raita z ogórka 63

Gulasz z kurczaka curry z korzeniami, szparagami i miętą o smaku zielonego jabłka 65

Sałatka z grillowanym kurczakiem, malinami, burakami i prażonymi migdałami ... 67

Pierś z kurczaka faszerowana brokułami z sosem ze świeżych pomidorów i sałatką Cezar 70

Grillowane wrapy z kurczakiem shawarma z pikantnymi warzywami i sosem z orzeszków piniowych 73

Pieczona pierś z kurczaka z grzybami, kalafiorem duszonym w czosnku i pieczonymi szparagami 75

Zupa z kurczaka w stylu tajskim 77

Grillowany kurczak z cytryną i szałwią z endywią 79

Kurczak z dymką, rzeżuchą i rzodkiewkami 82

Kurczak tikka masala 84

Udka z kurczaka Ras el Hanout 87

Udka z kurczaka marynowane w karamboli na smażonym szpinaku 90

Kurczak Poblana Tacos z majonezem chipotle 92

Gulasz Z Kurczaka Z Marchewką i Bok Choy 94

Smażony kurczak z orzechami nerkowca, pomarańczą i pieprzem na papierze sałatkowym 96

Kurczak po wietnamsku z kokosem i cytryną 98

Sałatka z grillowanym kurczakiem i jabłkiem 101

Toskańska zupa z kurczaka z wstążkami jarmużu 103

Larwa z Kurczaka 105
Burgery z kurczakiem z sosem z nerkowców sychwanskich 107
Sos z nerkowców sychwanskich 107
Turecki Wrap Z Kurczakiem 109
Hiszpańskie kury kornwalijskie 111
Pierś z kaczki z granatem i sałatką Jícama 114
pieczony indyk z puree z korzenia czosnku 116
Faszerowana pierś z indyka z sosem pesto i sałatką z rukoli 119
Pikantna pierś z indyka z wiśniowym sosem BBQ 121
Chleb winny ze schabu z indyka 123
Smażona pierś z indyka z sosem szczypiorkowym i krewetkami 126
pieczony indyk z warzywami korzeniowymi 128
Ziołowy kotlet mielony z indyka z sosem z karmelizowanej cebuli i łódeczkami z pieczonej kapusty 130
Turcja Posole 132
Rosół z kości kurczaka 134
Zielony łosoś Harissa 138
łosoś 138
Harissa 138
Przyprawione nasiona słonecznika 138
Sałatka 139
Grillowany łosoś z sałatką z marynowanych karczochów 142
Natychmiastowy pieczony łosoś chili z szałwią i sosem z zielonych pomidorów . 144
łosoś 144
zielony ketchup 144
Pieczony łosoś i szparagi w papillote z pesto cytrynowym i orzechami laskowymi
.... 147
Przyprawiony łosoś z grzybami i sosem jabłkowym 149
Solet en papillote z warzywami w julienne 152
Tacos z pesto z rukoli i kremem z wędzonej limonki 154
Grillowane pakiety dorsza i cukinii z pikantnym sosem mango i bazylią 157
Dorsz gotowany w rieslingu z pomidorami faszerowanymi pesto 159
Grillowany dorsz z pistacjową skórką i kolendrą na puree z batatów 161
Dorsz z rozmarynem i mandarynką z pieczonymi brokułami 163
Sałatka z dorsza w curry z marynowanymi rzodkiewkami 165

Smażony łupacz z cytryną i koprem włoskim 167
Lucjan w skorupce orzechów pekan z remouladą z cajun okra i pomidorami 169
Empanady z tuńczyka z estragonem z awokado i aioli cytrynowym 172
Rozdrobnione tagine z jeżowca 175
Bouillabaisse z owocami morza 177
Klasyczne ceviche z krewetek 180
Sałatka z krewetek w skórce kokosowej i szpinaku 183
Tropikalne krewetki i ceviche z przegrzebków 185
Krewetki czosnkowe z więdniętym szpinakiem i radicchio 187
Sałatka krabowa z awokado, grejpfrutem i jicamą 189
Cajun Gotowany Ogon Homara z Estragonem Aioli 191
Smażone małże z szafranowym aioli 193
frytki z pasternaku 193
szafranowe aioli 193
niebieski małż 193
Smażone przegrzebki z sosem z buraków 196
Grillowane przegrzebki z sosem ogórkowo-koperkowym 199
Grillowane przegrzebki z pomidorami, oliwą i sosem ziołowym 202
Przegrzebki i salsa 202
Sałatka 202
Pieczony kalafior kminkowy z koprem włoskim i cebulą perłową 204
Gęsty sos pomidorowo-bakłażanowy z dynią spaghetti 206
Nadziewane grzyby Portobello 208
pieczona radicchio 210
Pieczony koper włoski z pomarańczowym winegretem 211
Kapusta włoska w stylu pendżabskim 214
Dynia Piżmowa Pieczona Cynamonowo 216
Grillowane szparagi z jajkiem w koszulce i orzechami włoskimi 217
Chrupiąca sałatka z kapusty z rzodkiewkami, mango i miętą 219
Cytrynowe krążki z pieczonej kapusty 220
Pieczona kapusta z pomarańczowym sprayem balsamicznym 221

WĘDZONE ŻEBERKA Z JABŁKAMI I SOSEM MUSZTARDOWYM

ZANURZAC:1 godzina odpoczynku: 15 minut Palenie: 4 godziny Gotowanie: 20 minut Wydajność: 4 porcje<u>FIGA</u>

BOGATY SMAK I MIĘSISTA KONSYSTENCJA. DO WĘDZONYCH ŻEBEREK POTRZEBUJESZ CZEGOŚ ŚWIEŻEGO I CHRUPIĄCEGO DO TEGO. PRAWIE KAŻDA SAŁATKA JEST DOBRA, ALE SAŁATKA Z KOPRU WŁOSKIEGO (PATRZ<u>RECEPTA</u>I OBRAZ<u>TUTAJ</u>) JEST SZCZEGÓLNIE DOBRY.

ROZDARTY
- 8 do 10 kawałków drewna jabłkowego lub orzechowego
- 3 do 3 ½ funtów polędwicy wieprzowej
- ¼ szklanki wędzonych przypraw (patrz<u>recepta</u>)

ZANURZENIE
- 1 średnie jabłko, obrane, wydrążone i pokrojone w cienkie plasterki
- ¼ szklanki posiekanej cebuli
- ¼ szklanki wody
- ¼ szklanki octu jabłkowego
- 2 łyżki musztardy Dijon (patrz<u>recepta</u>)
- 2 lub 3 łyżki wody

1. Co najmniej 1 godzinę przed gotowaniem w dymie, namocz zrębki w wystarczającej ilości wody, aby je przykryć. Odcedź przed użyciem. Odetnij widoczny tłuszcz z żeber. W razie potrzeby usuń cienką membranę z tylnej części żeberek. Umieść żeberka na dużej, płytkiej patelni. Posypać równomiernie wędzonymi przyprawami; pocierać palcami Odstawić w temperaturze pokojowej na 15 minut.

2. Włóż do wędzarni podgrzane węgle, odsączone zrębki i naczynie z wodą zgodnie z instrukcją producenta. Wlej wodę na patelnię. Połóż żeberka kością do dołu na ruszcie ustawionym nad garnkiem z wodą. (Lub połóż żeberka na drucianej kratce. Połóż żeberka na drucianej kratce.) Przykryj i wędź przez 2 godziny. Przez cały czas palenia utrzymuj w wędzarni temperaturę około 225°F. W razie potrzeby dodaj więcej węgla drzewnego i wody, aby utrzymać temperaturę i wilgotność.

3. W międzyczasie, aby przygotować sos do mopa, w małym rondlu połącz plasterki jabłka, cebulę i ¼ szklanki wody. Doprowadzić do wrzenia; zmniejszyć gorączkę Gotuj na wolnym ogniu pod przykryciem przez 10 do 12 minut lub do momentu, aż plasterki jabłka będą bardzo miękkie, od czasu do czasu mieszając. Niech trochę ostygnie; Przenieś nieodsączone jabłka i cebulę do robota kuchennego lub blendera. Przykryj i zmiksuj lub zmiksuj na gładką masę. Puree z powrotem włóż do garnka. Dodać ocet i musztardę Dijon. Gotuj na średnim ogniu przez 5 minut, od czasu do czasu mieszając. Dodaj 2 do 3 łyżek wody (lub więcej w razie potrzeby), aby sos przypominał winegret. Sos podzielić na trzy części.

4. Po 2 godzinach obficie posmaruj żebra jedną trzecią środka. Przykryj i wędź przez kolejną 1 godzinę. Posmaruj ponownie kolejną trzecią sosu do mopa. Owiń każde żeberko grubą folią aluminiową i włóż je z powrotem do wędzarni, układając je jedno na drugim, jeśli to konieczne. Przykryj i wędź przez kolejne 1 do 1 1/2 godziny lub do momentu, aż żeberka będą miękkie. *

5. Weź żeberka i posmaruj je pozostałą jedną trzecią sosu z mopa. Przed podaniem przeciąć żeberka pomiędzy kościami.

*Wskazówka: Aby sprawdzić miękkość żeberek, ostrożnie zdejmij folię z talerza żeberek. Chwyć płytkę żebrową szczypcami i przyciśnij ją do górnej ćwiartki płyty. Obróć żebro tak, aby mięso było skierowane w dół. Jeśli żebra są miękkie, płyta powinna zacząć się rozpadać po podniesieniu. Jeśli nie jest miękkie, zawiń je w folię aluminiową i kontynuuj wędzenie żeberek, aż będą miękkie.

PIECZONE KOTLETY SCHABOWE BBQ Z SAŁATKĄ ZE ŚWIEŻEGO ANANASA

PRACA DOMOWA: Gotuj 20 minut: piecz 8 minut: 1 godzina 15 minut Wydajność: 4 porcje

KOTLETY SCHABOWE W STYLU WIEJSKIM SA MIESISTE, NIEDROGI I JESLI OBCHODZI SIE Z NIM PRAWIDLOWO, NP. POWOLI GOTUJAC I GOTUJAC NA WOLNYM OGNIU W CIEZKIM SOSIE BARBECUE, ZMIEKNIE AZ DO ROZTOPIENIA.

2-funtowe kotlety schabowe bez kości
¼ łyżeczki czarnego pieprzu
1 łyżka rafinowanego oleju kokosowego
½ szklanki świeżego soku pomarańczowego
1 ½ szklanki sosu barbecue (patrz recepta)
3 szklanki posiekanej czerwonej kapusty i/lub czerwonej kapusty
1 szklanka startej marchewki
2 szklanki drobno posiekanego ananasa
⅓ szklanki jasnego cytrusowego winegretu (patrz recepta)
Sos barbecue (zob recepta) (Opcjonalny)

1. Rozgrzej piekarnik do 150° F. Posyp wieprzowinę pieprzem. Rozgrzej olej kokosowy na średnim ogniu na bardzo dużej patelni. Dodaj wieprzowinę; piec 8 do 10 minut lub do złotego koloru, równomiernie brązowiejąc. Umieść żeberka w kwadratowym naczyniu do pieczenia o pojemności 3 litrów.

2. Do sosu dodaj na patelnię sok pomarańczowy i zamieszaj, aby zeskrobać wszelkie brązowe kawałki. Dodaj 1 ½

szklanki sosu BBQ. Sosem polej żeberka. Obróć żeberka tak, aby pokryły się sosem (w razie potrzeby użyj pędzla do rozsmarowania sosu na żeberkach). Przykryj naczynie do pieczenia szczelnie folią aluminiową.

3. Piec żeberka przez 1 godzinę. Zdejmij folię aluminiową i posmaruj ją sosem z blachy. Piecz przez kolejne 15 minut lub do momentu, aż żeberka będą miękkie i złocistobrązowe, a sos lekko zgęstnieje.

4. W międzyczasie na sałatkę ananasową wymieszaj kapustę, marchewkę, ananasa i jasny cytrusowy winegret. Przykryj i przechowuj w lodówce do czasu podania.

5. Podawaj żeberka z sałatką i ewentualnie dodatkowym sosem BBQ.

PIKANTNA WIEPRZOWINA

PRACA DOMOWA: Czas gotowania 20 minut: 40 minut. Wydajność: 6 porcji

PODAJE SIE TEN WEGIERSKI GULASZ NA CHRUPIACEJ KAPUSCIE I STANOWI ZALEDWIE RAME JEDNODANIOWEGO POSILKU. ZMIEL NASIONA KMINKU W MOZDZIERZU, JESLI MASZ GO POD REKA. JESLI NIE, WCISNIJ NOZ SZEFA KUCHNI POD SZEROKA STRONE, DELIKATNIE NACISKAJAC NOZ PIESCIA.

GULASZ
- 1 ½ funta wieprzowiny
- 2 szklanki posiekanej czerwonej, pomarańczowej i/lub żółtej papryki
- ¾ szklanki drobno posiekanej czerwonej cebuli
- 1 małe, świeże czerwone chili, pozbawione nasion i drobno posiekane (patrz chudy)
- 4 łyżeczki przypraw wędzonych (patrz recepta)
- 1 łyżeczka nasion kminku, zmielonych
- ¼ łyżeczki mielonego majeranku lub oregano
- 1 14-uncjowa puszka pomidorów pokrojonych w kostkę bez dodatku soli, bez odsączenia
- 2 łyżki czerwonego octu winnego
- 1 łyżka drobno startej skórki z cytryny
- ⅓ szklanki posiekanej świeżej pietruszki

PRZEŁĘCZ
- 2 łyżki oliwy z oliwek
- 1 średnia cebula, pokrojona w plasterki
- 1 kapusta zielona lub fioletowa, obrana i pokrojona w cienkie plasterki

1. Gulasz gotuj wieprzowinę, paprykę i cebulę w dużym holenderskim piekarniku na średnim ogniu przez 8 do 10 minut lub do czasu, aż wieprzowina nie będzie już różowa, a warzywa chrupiące. , mieszając z dodatkiem drewniana łyżka. . rozerwać mięso na kawałki. Odcedź tłuszcz. Zmniejsz ogień do niskiego; dodać czerwone chilli, przyprawy wędzone, nasiona kminku i majeranek. Przykryj i gotuj przez 10 minut. Dodaj nieodsączone pomidory i ocet. Doprowadzić do wrzenia; zmniejszyć gorączkę Dusić pod przykryciem przez 20 minut.

2. W międzyczasie na bardzo dużej patelni rozgrzej olej na średnim ogniu, przygotowując kapustę. Dodaj cebulę i smaż, aż zmięknie, około 2 minut. Dodaj kapustę; wymieszać do połączenia. Zmniejsz ogień do niskiego. gotować około 8 minut lub do miękkości kapusty, od czasu do czasu mieszając.

3. Przed podaniem nałóż na talerz odrobinę mieszanki kapusty. Na wierzch położyć gulasz, posypać skórką z cytryny i natką pietruszki.

WŁOSKA KIEŁBASA MARINARA Z KLOPSIKAMI Z POKROJONYM KOPREM WŁOSKIM I SMAŻONĄ CEBULĄ

PRACA DOMOWA:Piec 30 minut: Piec 30 minut: 40 minut
Wydajność: 4 do 6 porcji

TEN PRZEPIS JEST RZADKIM PRZYKLADEMPRODUKTU W PUSZKACH, KTORY DZIALA ROWNIE DOBRZE, JESLI NIE LEPIEJ, NIZ JEGO SWIEZA WERSJA. JESLI NIE MASZ BARDZO, BARDZO DOJRZALYCH POMIDOROW, W PRZYPADKU SWIEZYCH POMIDOROW NIE UZYSKASZ TAK DOBREJ KONSYSTENCJI SOSU, JAK W PRZYPADKU POMIDOROW Z PUSZKI. TYLKO UPEWNIJ SIE, ZE UZYWASZ PRODUKTU BEZ DODATKU SOLI I, CO JESZCZE LEPSZE, ORGANICZNEGO.

KLOPSY
2 duże jajka
½ szklanki mąki migdałowej
8 ząbków mielonego czosnku
6 łyżek wytrawnego białego wina
1 łyżka czerwonej papryki
2 łyżeczki czarnego pieprzu
1 łyżeczka nasion kopru włoskiego, lekko zmiażdżonych
1 łyżeczka suszonego oregano, rozgniecionego
1 łyżeczka suszonego tymianku, posiekanego
¼ do ½ łyżeczki pieprzu cayenne
1 ½ funta wieprzowiny

MARYNATA
2 łyżki oliwy z oliwek

2 15-uncjowe puszki niesolonych pomidorów w puszkach lub jedna 28-uncjowa puszka.

½ szklanki posiekanej świeżej bazylii

3 średnie bulwy kopru włoskiego, przekrojone na pół, pozbawione gniazd nasiennych i pokrojone w cienkie plasterki

1 duża słodka cebula, przekrojona na pół i pokrojona w cienkie plasterki

1. Rozgrzej piekarnik do 375° F. Wyłóż dużą blachę do pieczenia papierem pergaminowym; na bok. W dużej misce wymieszaj jajka, mąkę migdałową, 6 ząbków mielonego czosnku, 3 łyżki wina, paprykę, 1 ½ łyżeczki czarnego pieprzu, nasiona kopru włoskiego, oregano, tymianek i pieprz cayenne. Dodaj wieprzowinę; Dobrze wymieszać Z mieszanki wieprzowej uformuj klopsiki o średnicy 1 ½ cala (powinieneś mieć około 24 klopsików); układać w jednej warstwie na przygotowanej blasze. Piec przez około 30 minut lub do momentu, aż lekko się zarumieni, obracając raz podczas pieczenia.

2. W międzyczasie, aby przygotować sos marinara, podgrzej 1 łyżkę oliwy z oliwek w holenderskim piekarniku o pojemności od 4 do 6 litrów. Dodaj pozostałe 2 ząbki mielonego czosnku; smaż przez około 1 minutę lub do momentu, aż zacznie się rumienić. Szybko dodaj pozostałe 3 łyżki wina, rozdrobnione pomidory i bazylię. Doprowadzić do wrzenia; zmniejszyć gorączkę Dusić bez przykrycia przez 5 minut. Ostrożnie wlać ugotowane klopsiki do sosu marinara. Przykryj i gotuj na małym ogniu przez 25 do 30 minut.

3. W międzyczasie na dużej patelni rozgrzej pozostałą 1 łyżkę oliwy z oliwek na średnim ogniu. Dodać pokrojony koper

włoski i cebulę. Gotuj 8 do 10 minut lub do miękkości i lekko rumianego koloru, często mieszając. Dopraw pozostałą ½ łyżeczki czarnego pieprzu. Podawaj klopsiki z sosem marinara z koprem włoskim i cebulą.

ŁODECZKI Z CUKINII FASZEROWANE WIEPRZOWINA Z BAZYLIA I ORZESZKAMI PINIOWYMI

PRACA DOMOWA:Gotuj 20 minut: Piecz 22 minuty: 20 minut
Wydajność: 4 porcje

DZIECI POKOCHAJA TO ZABAWNE DANIEWYDRAZONA CUKINIA NADZIEWANA WIEPRZOWINA, POMIDOREM I SLODKA PAPRYKA. W RAZIE POTRZEBY DODAC 3 LYZKI PESTO BAZYLIOWEGO (PATRZ<u>RECEPTA</u>) ZAMIAST SWIEZEJ BAZYLII, PIETRUSZKI I ORZESZKOW PINII.

2 średnie cukinie
1 łyżka oliwy z oliwek z pierwszego tłoczenia
12 uncji wieprzowiny
¾ szklanki posiekanej cebuli
2 ząbki posiekanego czosnku
1 szklanka posiekanych pomidorów
⅔ szklanki drobno posiekanej żółtej lub pomarańczowej papryki
1 łyżeczka nasion kopru włoskiego, lekko zmiażdżonych
½ łyżeczki zmielonych płatków czerwonej papryki
¼ szklanki posiekanej świeżej bazylii
3 łyżki świeżej natki pietruszki pokrojonej w paski
2 łyżki prażonych orzeszków piniowych (patrz<u>chudy</u>) i gruby krój
1 łyżeczka drobno startej skórki z cytryny

1. Rozgrzej piekarnik do 150°F. Cukinię przekrój wzdłuż na pół i ostrożnie zeskrob ze środka, pozostawiając skórkę o grubości ¼ cala. Miąższ cukinii pokroić na duże kawałki i

odłożyć na bok. Połówki cukinii ułożyć przekrojoną stroną do góry na blasze wyłożonej folią.

2. Aby przygotować nadzienie, na dużej patelni rozgrzej oliwę z oliwek na średnim ogniu. Dodaj wieprzowinę; smaż, aż przestanie być różowe, mieszając drewnianą łyżką, aby rozbić mięso. Odcedź tłuszcz. Zmniejsz ogień do średniego. Dodaj zarezerwowany miąższ cukinii, cebulę i czosnek; gotować i mieszać około 8 minut lub do momentu, aż cebula będzie miękka. Dodać pomidory, paprykę, nasiona kopru włoskiego i pokruszoną czerwoną paprykę. Gotuj przez około 10 minut lub do momentu, gdy pomidory będą miękkie i zaczną się rozpadać. Zdejmij patelnię z ognia. Dodać bazylię, pietruszkę, orzeszki piniowe i skórkę z cytryny. Rozłóż nadzienie pomiędzy skorupkami cukinii i uformuj mały kopiec. Piec przez 20 do 25 minut lub do momentu, aż skórka cukinii będzie chrupiąca.

MISECZKI Z MAKARONEM WIEPRZOWYM W CURRY ANANASOWYM Z MLEKIEM KOKOSOWYM I ZIOŁAMI

PRACA DOMOWA: Gotuj 30 minut: piecz 15 minut: 40 minut
Wydajność: 4 porcje FIGA

- 1 duża dynia spaghetti
- 2 łyżki rafinowanego oleju kokosowego
- 1 funt wieprzowiny
- 2 łyżki drobno posiekanego szczypiorku
- 2 łyżki świeżego soku z limonki
- 1 łyżka świeżego posiekanego imbiru
- 6 ząbków mielonego czosnku
- 1 łyżka posiekanej cytryny
- 1 łyżka niesolonego dodana do tajskiego czerwonego curry
- 1 szklanka posiekanej czerwonej papryki
- 1 szklanka posiekanej cebuli
- ½ szklanki marchewki do równania
- 1 baby bok choy, pokrojone w plasterki (3 szklanki)
- 1 szklanka pokrojonych w plasterki świeżych grzybów
- 1 lub 2 tajskie chili ptasie, pokrojone w cienkie plasterki (patrz chudy)
- 1 13,5-uncjowa puszka zwykłego mleka kokosowego (np. Nature's Way)
- ½ szklanki bulionu z kości kurczaka (patrz recepta) lub niesolony bulion z kurczaka
- ¼ szklanki świeżego soku ananasowego
- 3 łyżki niesolonego masła z nerkowców bez dodatku oleju
- 1 szklanka świeżego, pokrojonego w kostkę ananasa

Plastry cytryny

Świeża kolendra, mięta i/lub tajska bazylia

Posiekane prażone orzechy nerkowca

1. Rozgrzej piekarnik do 200°F. Włóż spaghetti do mikrofalówki na maksymalną moc przez 3 minuty. Ostrożnie przekrój dynię wzdłuż na pół i wyjmij nasiona. Nasmaruj 1 łyżką oleju kokosowego nacięte boki dyni. Połówki dyni ułożyć przekrojoną stroną do dołu na blasze do pieczenia. Piec przez 40 do 50 minut lub do czasu, aż dynię będzie można łatwo przekłuć nożem. Zębami widelca zdejmij mięso z muszelek i trzymaj w cieple do momentu podania.

2. W międzyczasie w średniej misce połącz wieprzowinę, cebulę, sok z limonki, imbir, czosnek, cytrynę i curry; Dobrze wymieszać Podgrzej pozostałą 1 łyżkę oleju kokosowego na dużej patelni na średnim ogniu. Dodaj mieszankę wieprzową; smaż, aż przestanie być różowe, mieszając drewnianą łyżką, aby rozbić mięso. Dodaj pieprz, cebulę i marchewkę; Gotuj i mieszaj przez około 3 minuty lub do momentu, aż warzywa będą chrupiące i miękkie. Dodaj bok choy, grzyby, chili, mleko kokosowe, bulion z kości kurczaka, sok ananasowy i masło z nerkowców. Doprowadzić do wrzenia; zmniejszyć gorączkę Dodaj ananasa; dusić bez przykrycia, aż się rozgrzeje.

3. Przed podaniem podziel spaghetti na cztery miski. Podawaj wieprzowinę curry na dyni. Podawać z cząstkami cytryny, ziołami i orzechami nerkowca.

PIKANTNE GRILLOWANE KOTLECIKI WIEPRZOWE Z PIKANTNĄ SAŁATKĄ Z OGÓRKA

PRACA DOMOWA: Na grillu 30 minut: 10 minut reszta: 10 minut
Wydajność: 4 porcje

CHRUPIACA SALATKA OGORKOWA O SMAKU SWIEZEJ MIETY STANOWI ORZEZWIAJACE I ORZEZWIAJACE UZUPELNIENIE PIKANTNYCH BURGEROW WIEPRZOWYCH.

- ⅓ szklanki oliwy z oliwek
- ¼ szklanki posiekanej świeżej mięty
- 3 łyżki białego octu winnego
- 8 ząbków mielonego czosnku
- ¼ łyżeczki czarnego pieprzu
- 2 średnie ogórki, pokrojone w bardzo cienkie plasterki
- 1 mała cebula, pokrojona w cienkie plasterki (około ½ szklanki)
- 1¼ do 1½ funta wieprzowiny
- ¼ szklanki posiekanej świeżej kolendry
- 1 lub 2 świeże, średnie papryczki jalapeño lub serrano, pozbawione nasion (w razie potrzeby) i drobno posiekane (patrz chudy)
- 2 średnie czerwone papryki, pozbawione nasion i pokrojone na ćwiartki
- 2 łyżeczki oliwy z oliwek

1. W dużej misce wymieszaj ⅓ szklanki oliwy z oliwek, miętę, ocet, 2 posiekane ząbki czosnku i czarny pieprz. Dodać pokrojone w plasterki ogórki i cebulę. Mieszaj, aż dobrze się pokryje. Przykryj i przechowuj w lodówce do momentu podania, mieszając raz lub dwa razy.

2. W dużej misce wymieszaj wieprzowinę, kolendrę, chilli i 6 posiekanych ząbków czosnku. Uformuj cztery bochenki o grubości ¾ cala. Lekko posmaruj ćwiartki papryki 2 łyżeczkami oliwy z oliwek.

3. W przypadku grilla węglowego lub gazowego umieść krakersy i ćwiartki papryki bezpośrednio na średnim ogniu. Przykryj i grilluj, aż termometr włożony do boków wieprzowiny wskaże temperaturę 160°F, a ćwiartki papryki będą miękkie i lekko zwęglone. Odczekaj 10 do 12 minut w przypadku bułek hamburgerowych i 8 do 10 minut w przypadku papryki.

4. Gdy ćwiartki papryki będą gotowe, zawiń je w folię aluminiową tak, aby całkowicie ją owinęły. Odstaw na około 10 minut lub do momentu, aż będzie wystarczająco chłodny, aby można go było używać. Za pomocą ostrego noża ostrożnie usuń skórkę z papryki. Paprykę pokroić wzdłuż na ćwiartki.

5. Przed podaniem wymieszaj sałatkę z ogórków i równomiernie rozłóż na czterech dużych talerzach. Do każdego dania dodajemy wieprzowinę. Ułóż równomiernie plasterki czerwonej papryki na burgerach.

PIZZA Z CUKINII Z PESTO Z SUSZONYCH POMIDORÓW, SŁODKĄ PAPRYKĄ I WŁOSKĄ KIEŁBASĄ

PRACA DOMOWA: Gotuj 30 minut: piecz 15 minut: 30 minut
Wydajność: 4 porcje

TO JEST PIZZA Z NOZEM I WIDELCEM. PAMIETAJ, ABY DELIKATNIE WCISNAC KIELBASE I PAPRYKE W SKORUPE POKRYTA PESTO, TAK ABY DODATKI PRZYLEGALY NA TYLE, ABY PIZZA MOGLA SIE IDEALNIE POKROIC.

- 2 łyżki oliwy z oliwek
- 1 łyżka drobno zmielonych migdałów
- 1 duże jajko, lekko ubite
- ½ szklanki mąki migdałowej
- 1 łyżka świeżego oregano pokrojonego w paski
- ¼ łyżeczki czarnego pieprzu
- 3 ząbki posiekanego czosnku
- 3 ½ szklanki startej cukinii (2 średnie)
- Włoska kiełbasa (patrz recepta, pod)
- 1 łyżka oliwy z oliwek z pierwszego tłoczenia
- 1 słodka papryka (żółta, czerwona lub połówka każdej), pozbawiona nasion i pokrojona w bardzo cienkie paski
- 1 mała cebula, drobno posiekana
- Pesto z suszonych pomidorów (zob recepta, pod)

1. Rozgrzej piekarnik do 200°C. Posmaruj 12-calową patelnię do pizzy 2 łyżkami oliwy z oliwek. Posypać zmielonymi migdałami; na bok.

2. Na bazę wymieszaj w dużej misce jajko, mąkę migdałową, oregano, czarny pieprz i czosnek. Połóż startą cukinię na czystym ręczniku lub kawałku gazy. dobrze się zapakuj

UDZIEC JAGNIĘCY WĘDZONY Z CYTRYNĄ I KOLENDRĄ Z GRILLOWANYMI SZPARAGAMI

ZANURZAC:30 minut przygotowania: 20 minut na grillu: 45 minut odpoczynku: 10 minut Wydajność: 6 do 8 porcji

PROSTE, ALE ELEGANCKIE, TO DANIE PREZENTUJEDWA SKLADNIKI, KTORE OZYWAJA WIOSNA: JAGNIECINA I SZPARAGI. PRAZONE NASIONA KOLENDRY WYDOBYWAJA CIEPLY, ZIEMISTY I LEKKO KWASNY SMAK.

- 1 szklanka kawałków drewna orzechowego
- 2 łyżki nasion kolendry
- 2 łyżki drobno startej skórki z cytryny
- 1 ½ łyżeczki czarnego pieprzu
- 2 łyżki świeżego tymianku, pokrojonego w paski
- 1 2-3-funtowa noga jagnięca bez kości
- 2 pęczki świeżych szparagów
- 1 łyżka oliwy z oliwek
- ¼ łyżeczki czarnego pieprzu
- 1 cytryna pokrojona na ćwiartki

1. Co najmniej 30 minut przed gotowaniem do wędzenia, w misce namocz chipsy hikorowe w wystarczającej ilości wody, aby je przykryć; na bok. W międzyczasie na małej patelni praż nasiona kolendry na średnim ogniu przez około 2 minuty lub do momentu, aż zaczną pachnieć i będą chrupiące, często mieszając. Usuń nasiona z patelni; niech zrobi się zimno. Gdy nasiona ostygną, rozgnieć je w moździerzu (lub połóż je na desce do krojenia i rozgnieć grzbietem drewnianej łyżki). W małej misce połącz

zmiażdżone nasiona kolendry, skórkę z cytryny, 1 ½ łyżeczki ziela angielskiego i tymianek; na bok.

2. Usuń siatkę z golonki jagnięcej, jeśli występuje. Otwórz filet na powierzchni roboczej, tłustą stroną do dołu. Posyp mięso połową mieszanki przypraw; pocierać palcami Zwiń filet i zawiąż czterema lub sześcioma kawałkami sznurka kuchennego ze 100% bawełny. Posyp pozostałą mieszanką przyprawową zewnętrzną stronę steku, lekko dociskając, aby się przykleiła.

3. W przypadku grilla węglowego umieść węgiel drzewny na średnim ogniu wokół miski ociekowej. Przetestuj na średnim ogniu na patelni. Posyp węgle osączonymi wiórami drzewnymi. Połóż filet jagnięcy na ruszcie w tacce ociekowej. Przykryj i wędź przez 40 do 50 minut na średnim ogniu (145°F). (W przypadku grilla gazowego rozgrzej grill. Zmniejsz ogień do średniego. Ustaw tryb gotowania pośredniego. Wędź jak powyżej, z wyjątkiem dodania odsączonych kawałków drewna zgodnie z instrukcjami producenta.) Przykryj stek bez wychodzenia z folii aluminiowej. Odczekaj 10 minut przed pokrojeniem.

4. W międzyczasie odetnij zdrewniałe końcówki szparagów. W dużej misce wymieszaj szparagi z oliwą z oliwek i ¼ łyżeczki pieprzu. Umieść szparagi wokół zewnętrznych krawędzi grilla, bezpośrednio nad węglami i prostopadle do rusztu grilla. Przykryj i grilluj przez 5 do 6 minut, aż będą chrupiące. Wyciśnij plasterki cytryny na szparagi.

5. Usuń sznurek z jagnięciny i pokrój mięso w cienkie plasterki. Mięso podawaj z grillowanymi szparagami.

GULASZ JAGNIĘCY

PRACA DOMOWA: 30 minut Czas gotowania: 2 godziny 40 minut
Wydajność: 4 porcje

ROZGRZEJ SIE TYM SMACZNYM GULASZEM W JESIENNA LUB ZIMOWA NOC. GULASZ RYBNY PODAWANY JEST Z PUREE Z KORZENIA SELERA I PASTERNAKU DOPRAWIONYM MUSZTARDA DIJON, KREMEM Z NERKOWCOW I SZCZYPIORKIEM. UWAGA: KORZEN SELERA JEST CZASAMI NAZYWANY SELEREM.

- 10 ziaren czarnego pieprzu
- 6 liści szałwii
- 3 całe zioła
- 2 2-calowe paski skórki pomarańczowej
- 2 funty łopatki jagnięcej bez kości
- 3 łyżki oliwy z oliwek
- 2 średnie cebule, pokrojone w kostkę
- 1 14,5-uncjowa puszka pomidorów pokrojonych w kostkę bez dodatku soli, bez odsączenia
- 1 ½ szklanki bulionu z kości wołowych (patrz recepta) lub niesolony bulion wołowy
- ¾ szklanki wytrawnego białego wina
- 3 duże ząbki czosnku, posiekane i obrane
- 2 funty korzenia selera, obranego i pokrojonego w 1-calową kostkę
- 6 średnich pasternaków, obranych i pokrojonych w 1-calowe plasterki (około 2 funtów)
- 2 łyżki oliwy z oliwek
- 2 łyżki kremu z nerkowców (patrz recepta)
- 1 łyżka musztardy Dijon (patrz recepta)
- ¼ szklanki posiekanego szczypiorku

1. Wytnij 7-calowy kwadrat z gazy na bukiet. Na środku gazy ułóż ziarna pieprzu, szałwię, zioła i skórkę pomarańczową. Podnieś rogi gazy i mocno zawiąż czystym sznurkiem kuchennym ze 100% bawełny. Na bok.

2. Odetnij tłuszcz z łopatki jagnięcej; pokroić jagnięcinę na 1-calowe kawałki. Podgrzej 3 łyżki oliwy z oliwek w holenderskim piekarniku na średnim ogniu. Usmaż jagnięcinę, w razie potrzeby partiami, na gorącym oleju na złoty kolor; Zdjąć z patelni i trzymać w cieple. Dodaj cebulę na patelnię; piec 5 do 8 minut lub do momentu, aż będą miękkie i lekko rumiane. Dodaj bukiet garni, nieodsączone pomidory, 1 ¼ szklanki bulionu z kości wołowych, wino i czosnek. Doprowadzić do wrzenia; zmniejszyć gorączkę Dusić pod przykryciem przez 2 godziny, od czasu do czasu mieszając. Usuń i wyrzuć nić z bukietu.

3. W międzyczasie, aby przygotować puree, do dużego garnka włóż korzeń selera i pasternak; zalać wodą Doprowadzić do wrzenia na średnim ogniu; zmniejszyć ogień do niskiego. Przykryj i gotuj na wolnym ogniu przez 30 do 40 minut lub do momentu, aż warzywa będą bardzo miękkie po nakłuciu widelcem. Odpływ; włóż warzywa do robota kuchennego. Dodaj ¼ szklanki bulionu z kości wołowych i 2 łyżki oleju; Dociskaj, aż puree będzie prawie gładkie, ale nadal będzie miało pewną konsystencję, zatrzymując się raz lub dwa razy, aby zeskrobać boki. Przełóż puree do miski. Dodaj krem z nerkowców, musztardę i dymkę.

4. Przed podaniem podziel puree na cztery miski; na wierzch z jagnięciną Hot Pot.

GULASZ JAGNIECY Z MAKARONEM Z KORZENIA SELERA

PRACA DOMOWA: W piekarniku w 30 minut: 1 godzina 30 minut
Wydajność: 6 porcji

KORZEN SELERA NABIERA ZUPELNIE INNEGO WYGLADU. WYZSZA W TYM GULASZU NIZ W GORACEJ JAGNIECINIE (POR RECEPTA). KRAJALNICA MANDOLINA SLUZY DO ROBIENIA BARDZO CIENKICH PASKOW KORZENIA ORZECHA WLOSKIEGO. „MAKARON" GOTUJE SIE W BULIONIE DO MIEKKOSCI.

- 2 łyżeczki przyprawy ziołowo-cytrynowej (patrz recepta)
- 1 ½ funta jagnięciny pokrojonej w 1-calową kostkę
- 2 łyżki oliwy z oliwek
- 2 szklanki posiekanej cebuli
- 1 szklanka posiekanej marchewki
- 1 szklanka posiekanych buraków
- 1 łyżka posiekanego czosnku (6 ząbków)
- 2 łyżki niesolonego koncentratu pomidorowego
- ½ szklanki wytrawnego czerwonego wina
- 4 szklanki bulionu z kości wołowych (patrz recepta) lub niesolony bulion wołowy
- 1 liść laurowy
- 2 szklanki dyni piżmowej, pokrojonej w 1-calową kostkę
- 1 szklanka pokrojonego w kostkę bakłażana
- 1 funt korzenia selera, obranego
- posiekana świeża pietruszka

1. Rozgrzej piekarnik do 250°F. Posyp jagnięcinę równomiernie przyprawą cytrynową. Delikatnie wrzuć do pokrycia. Rozgrzej holenderski piekarnik o pojemności od

6 do 8 litrów na średnim ogniu. Do holenderskiego piekarnika dodaj 1 łyżkę oliwy z oliwek i połowę sezonowanej jagnięciny. Mięso zrumienić na rozgrzanym oleju ze wszystkich stron; Przełóż zrumienione mięso na talerz i powtórz tę czynność z resztą jagnięciny i oliwą z oliwek. Zmniejsz ogień do średniego.

2. Do garnka dodaj cebulę, marchewkę i rzepę. Gotuj i mieszaj warzywa przez 4 minuty; dodać czosnek i koncentrat pomidorowy i smażyć jeszcze 1 minutę. Do garnka dodać czerwone wino, bulion z kości wołowych, liść laurowy i zarezerwowane mięso oraz nagromadzony sok. Doprowadzić do wrzenia. Zamknij i włóż piekarnik holenderski do nagrzanego piekarnika. Piec przez 1 godzinę. Dodaj dynię i bakłażana. Włóż ponownie do piekarnika i piecz przez kolejne 30 minut.

3. Gdy gulasz jest w piekarniku, za pomocą mandoliny pokrój korzeń selera na cienkie plasterki. Pokrój plasterki korzenia selera na paski o szerokości ½ cala. (Powinieneś otrzymać około 4 filiżanek.) Dodaj paski korzenia selera do bulionu. Gotuj na wolnym ogniu przez około 10 minut lub do miękkości. Przed podaniem usuń i wyrzuć liść laurowy. Każdą porcję posypać posiekaną natką pietruszki.

KOTLECIKI JAGNIĘCE Z PIKANTNYM GRANATEM I SOSEM DAKTYLOWYM

PRACA DOMOWA: Gotuj 10 minut: Studź 18 minut: 10 minut
Wydajność: 4 porcje

TERMIN „FRANCUSKI" ODNOSI SIE DO ZEBRAZ KTOREGO OSTRYM NOZEM KUCHENNYM USUNIETO TLUSZCZ, MIESO I TKANKE LACZNA. TO ATRAKCYJNA PREZENTACJA. POPROS O TO SWOJEGO RZEZNIKA LUB MOZESZ TO ZROBIC SAM.

CHUTNEY
- ½ szklanki niesłodzonego soku z granatów
- 1 łyżka świeżego soku z cytryny
- 1 szalotka, obrana i pokrojona w cienkie plasterki
- 1 łyżeczka drobno startej skórki pomarańczowej
- ⅓ szklanki posiekanych daktyli Medjool
- ¼ łyżeczki posiekanej czerwonej papryki
- ¼ szklanki osłonek granatu*
- 1 łyżka oliwy z oliwek
- 1 łyżka posiekanej świeżej włoskiej pietruszki (płaskiej).

KOTLETY JAGNIECE
- 2 łyżki oliwy z oliwek
- 8 francuskich kotletów jagnięcych

1. Aby przygotować ostry sos, w małym rondlu połącz sok z granatów, sok z cytryny i szalotkę. Doprowadzić do wrzenia; zmniejszyć gorączkę Dusić bez przykrycia przez 2 minuty. Dodać skórkę pomarańczową, daktyle i posiekaną czerwoną paprykę. Odstaw do ostygnięcia, około 10 minut. Dodać granaty, 1 łyżkę oliwy z oliwek i

natkę pietruszki. Pozostawić w temperaturze pokojowej do momentu podania.

2. Żeberka na dużej patelni rozgrzej na średnim ogniu 2 łyżki oliwy z oliwek. Pracując partiami, dodaj żeberka na patelnię i gotuj przez 6 do 8 minut na średnim ogniu (145°F), raz obracając. Polać żeberka ostrym sosem.

*Uwaga: Świeże granaty i ich osłonki, czyli nasiona, dostępne są od października do lutego. Jeśli nie możesz ich znaleźć, użyj niesłodzonych, suszonych nasion, aby dodać chrupkości chutneyowi.

KOTLECIKI JAGNIĘCE CHIMICHURRI Z DUSZONĄ KAPUSTĄ RADICCHIO

PRACA DOMOWA: 30 minut Marynowanie: 20 minut Gotowanie: 20 minut Wydajność: 4 porcje

W ARGENTYNIE CHIMICHURRI JEST NAJPOPULARNIEJSZA PRZYPRAWA. DO KTOREGO PODAJE SIE DOBRZE ZNANY W KRAJU STEK Z GRILLA W STYLU GAUCHO. ISTNIEJE WIELE ODMIAN, ALE GESTY SOS ZIOLOWY ZWYKLE PRZYGOTOWUJE SIE Z PIETRUSZKI, KOLENDRY LUB OREGANO, SZALOTKI I/LUB CZOSNKU, POKRUSZONEJ CZERWONEJ PAPRYKI, OLIWY Z OLIWEK I OCTU WINNEGO. ŚWIETNIE SMAKUJE Z GRILLOWANYM STEKIEM, ALE ROWNIE GENIALNIE KOMPONUJE SIE Z GRILLOWANA LUB GRILLOWANA JAGNIECINA, KURCZAKIEM I KOTLETAMI SCHABOWYMI.

8 nóg kotletów jagnięcych, pokrojonych na grubość 1 cala
½ szklanki sosu chimichurri (patrz recepta)
2 łyżki oliwy z oliwek
1 słodka cebula, przekrojona na pół i pokrojona w plasterki
1 łyżka nasion kminku, zmielonych*
1 ząbek posiekanego czosnku
1 główka radicchio, obrana i pokrojona w cienkie paski
1 łyżka octu balsamicznego

1. Umieść kotlety jagnięce w bardzo dużej misce. Skropić 2 łyżkami sosu chimichurri. Palcami rozetrzyj sos na całej powierzchni każdego żebra. Żeberka marynujemy w temperaturze pokojowej przez 20 minut.

2. W międzyczasie przygotuj sałatkę z pieczonej radicchio. Rozgrzej 1 łyżkę oliwy z oliwek na bardzo dużej patelni. Dodaj cebulę, nasiona kminku i czosnek; Gotuj 6 do 7 minut lub do momentu, aż cebula będzie miękka, często mieszając. Dodaj radicchio; Gotuj 1 do 2 minut lub do momentu, aż radicchio lekko zwiędnie. Sałatkę przełóż do dużej miski. Dodać ocet balsamiczny i dobrze wymieszać. Przykryj i trzymaj w cieple.

3. Wyczyść patelnię. Dodaj pozostałą 1 łyżkę oliwy z oliwek na patelnię i podgrzej na średnim ogniu. Dodaj kotlety jagnięce; zredukuj ciepło do średniego. Gotuj przez 9 do 11 minut lub do momentu ugotowania, od czasu do czasu obracając żeberka szczypcami.

4. Podawaj żeberka z sałatką i resztą sosu chimichurri.

*Uwaga: Aby rozdrobnić nasiona kminku, użyj moździerza i tłuczka lub umieść nasiona na desce do krojenia i rozgnieć je nożem szefa kuchni.

KOTLECIKI JAGNIĘCE SMAROWANE ANCHO I SZAŁWIĄ Z REMULADĄ Z MARCHWI I BATATÓW

PRACA DOMOWA: Zimno 12 minut: 1 do 2 godzin Grill: 6 minut
Wydajność: 4 porcje

ISTNIEJA TRZY RODZAJE KOTLETOW JAGNIECYCH. GRUBE, MIESISTE ZEBERKA Z POLEDWICY WYGLADAJA JAK MALE ZEBERKA. ŻEBERKA, JAK SIE JE TU NAZYWA, POWSTAJA POPRZEZ NACIECIE POMIEDZY KOSCMI BARANKA. SA BARDZO DELIKATNE I MAJA ATRAKCYJNA DLUGA KOSC NA BOKU. CZESTO PODAJE SIE JE Z GRILLA LUB Z GRILLA. TANIE ZEBERKA NA RAMIE SA NIECO BARDZIEJ TLUSTE I MNIEJ DELIKATNE NIZ POZOSTALE DWA RODZAJE. NAJLEPIEJ JE ZRUMIENIC, A NASTEPNIE USMAZYC Z WINEM, BULIONEM I POMIDORAMI LUB ICH KOMBINACJA.

- 3 średnie marchewki, grubo starte
- 2 małe słodkie ziemniaki, starte* lub grubo starte
- ½ szklanki Paleo Mayo (patrz recepta)
- 2 łyżki świeżego soku z cytryny
- 2 łyżeczki musztardy typu Dijon (patrz recepta)
- 2 łyżki posiekanej świeżej natki pietruszki
- ½ łyżeczki czarnego pieprzu
- 8 nóg kotletów jagnięcych, pokrojonych na grubość od ½ do ¾ cala
- 2 łyżki startej świeżej szałwii lub 2 łyżeczki pokruszonej suszonej szałwii
- 2 łyżeczki mielonego chili ancho
- ½ łyżeczki czosnku w proszku

1. Aby przygotować remulade, w średniej misce połącz marchewki i słodkie ziemniaki. W małej misce połącz Paleo Mayo, sok z cytryny, musztardę Dijon, pietruszkę i czarny pieprz. Wlać marchewkę i słodkie ziemniaki; pociągnąć do noszenia Przykryj i przechowuj w lodówce przez 1 lub 2 godziny.

2. W międzyczasie w małej misce wymieszaj szałwię, chili ancho i proszek czosnkowy. Nacieramy mieszanką przypraw udziec jagnięcy.

3. W przypadku grilla węglowego lub gazowego połóż kotlety jagnięce na bezpośrednim grillu na średnim ogniu. Przykryj i grilluj przez 6 do 8 minut w przypadku średnio wysmażonego (145°F) lub 10 do 12 minut w przypadku średnio wysmażonego (150°F), obracając raz w połowie grillowania.

4. Podawaj kotlety jagnięce z remuladą.

*Uwaga: Do krojenia słodkich ziemniaków używaj mandoliny z nasadką julienne.

NADZIEWANE BURGERY JAGNIECE Z OGRODU Z COULISEM Z CZERWONEJ PAPRYKI

PRACA DOMOWA: 20 minut odpoczynku: 15 minut grillowania: 27 minut Wydajność: 4 porcje

COULIS TO NIC INNEGO JAK PROSTY, LAGODNY SOS. PRZYRZADZANE Z PRZECIERU OWOCOWEGO LUB WARZYWNEGO. JASNY, PIEKNY SOS PAPRYKOWY DO TYCH BURGEROW JAGNIECYCH ZYSKUJE PODWOJNA DAWKE DYMU: Z GRILLA I WEDZONEJ PAPRYKI.

COULIS Z CZERWONEJ PAPRYKI
- 1 duża czerwona papryka
- 1 łyżka wytrawnego białego octu winnego lub białego wina
- 1 łyżeczka oliwy z oliwek
- ½ łyżeczki wędzonej papryki

HAMBURGERY
- ¼ szklanki suszonych pomidorów bez siarki, pokrojonych w paski
- ¼ szklanki startej cukinii
- 1 łyżka posiekanej świeżej bazylii
- 2 łyżeczki oliwy z oliwek
- ½ łyżeczki czarnego pieprzu
- 1 ½ funta jagnięciny
- 1 białko, lekko ubite
- 1 łyżka przypraw śródziemnomorskich (patrz recepta)

1. Aby przygotować coulis z czerwonej papryki, grilluj czerwoną paprykę bezpośrednio na średnim ogniu. Przykryj i grilluj przez 15 do 20 minut lub do momentu

zwęglenia i miękkości, obracając paprykę co 5 minut, aby zwęgliła się z każdej strony. Zdejmij z grilla i natychmiast włóż paprykę do papierowej torby lub folii aluminiowej, aby całkowicie zamknąć paprykę. Odstaw na 15 minut lub do momentu, aż będzie wystarczająco chłodny, aby można go było używać. Za pomocą ostrego noża ostrożnie usuń skórę i wyrzuć. Przekrój paprykę wzdłuż na ćwiartki, usuń łodygę, nasiona i błony. W robocie kuchennym połącz pieczoną paprykę, wino, oliwę z oliwek i wędzoną paprykę. Przykryj i zmiksuj lub zmiksuj na gładką masę.

2. W międzyczasie do farszu włóż suszone pomidory do małej miski i zalej wrzącą wodą. Pozostaw 5 minut; odcedzić Pomidory i startą cukinię osusz ręcznikiem papierowym. Połącz pomidory, cukinię, bazylię, oliwę z oliwek i ¼ łyżeczki czarnego pieprzu w małej misce; na bok.

3. W dużej misce wymieszaj jagnięcinę, białko jaja, ¼ łyżeczki czarnego pieprzu i przyprawę śródziemnomorską; Dobrze wymieszać Podziel mieszaninę mięsną na osiem równych porcji i uformuj każdą na kawałki o grubości ¼ cala. Wlać nadzienie do czterech ciast; Na wierzch połóż pozostałe ziemniaki, ściskając krawędzie, aby uszczelnić nadzienie.

4. Połóż ciasta na grillu bezpośrednio na średnim ogniu. Przykryj i grilluj przez 12 do 14 minut lub do momentu ugotowania (160°F), obracając raz w połowie grillowania.

5. Przed podaniem posyp burgery coulisem z czerwonej papryki.

SZASZŁYKI JAGNIĘCE Z PODWÓJNYM OREGANO I SOSEM TZATZIKI

ZANURZAĆ:30 minut przygotowanie: 20 minut chłodzenie: 30 minut grillowanie: 8 minut Wydajność: 4 porcje

RZECZYWIŚCIE, TE GOLENIE JAGNIĘCE SĄTAK ZWANA KOFTA W REGIONIE MORZA ŚRÓDZIEMNEGO I NA BLISKIM WSCHODZIE: SEZONOWANE MIĘSO MIELONE (ZWYKLE JAGNIĘCINA LUB WOŁOWINA) FORMOWANE JEST W KULKI LUB WOKÓŁ SZASZŁYKÓW, A NASTĘPNIE GRILLOWANE. ŚWIEŻE I SUSZONE OREGANO NADAJE IM WSPANIAŁY GRECKI SMAK.

8 10-calowych drewnianych szpikulców

UDZIEC JAGNIECY
1 ½ funta chudej jagnięciny
1 mała cebula, starta i suszona
1 łyżka świeżego oregano pokrojonego w paski
2 łyżeczki suszonego oregano, pokruszonego
1 łyżeczka czarnego pieprzu

SOS TZATZIKI
1 szklanka Paleo Mayo (patrzrecepta)
½ dużego ogórka, bez nasion, startego i suszonego
2 łyżki świeżego soku z cytryny
1 ząbek posiekanego czosnku

1. Namocz szaszłyki w wystarczającej ilości wody, aby je przykryć, na 30 minut.

2. W przypadku jagnięciny w dużej misce wymieszaj mieloną jagnięcinę, cebulę, świeże i suszone oregano oraz pieprz;

Dobrze wymieszać Podziel mieszaninę jagnięcą na osiem równych porcji. Uformuj każdą sekcję wokół środka szpikulca, tworząc kłodę o wymiarach 5 na 1 cal. Przykryj i przechowuj w lodówce przez co najmniej 30 minut.

3. W międzyczasie, aby przygotować sos Tzatziki, w małej misce połącz Paleo Mayo, ogórek, sok z cytryny i czosnek. Przykryj i przechowuj w lodówce do momentu podania.

4. W przypadku grilla węglowego lub gazowego, ułóż gicz jagnięcą bezpośrednio na grillu na średnim ogniu. Przykryj i grilluj przez około 8 minut na średnim ogniu (160°F), obracając raz w połowie grillowania.

5. Podawaj udziec jagnięcy z sosem Tzatziki.

GRILLOWANY KURCZAK Z SZAFRANEM I CYTRYNĄ

PRACA DOMOWA:15 minut studzenie: 8 godzin pieczenie: 1 godzina 15 minut odpoczynek: 10 minut Wydajność: 4 porcje

SZAFRAN TO SUSZONE PRECIKIGATUNKU KROKUSA. JEST TO DROGIE, ALE TROCHE WYSTARCZY. DODAJE ZIEMISTOSCI I PIEKNEGO ZOLTEGO KOLORU TEMU CHRUPIACEMU KURCZAKOWI ZE SKORA.

1 cały kurczak o wadze 4 do 5 funtów

3 łyżki oliwy z oliwek

6 ząbków czosnku, zmiażdżonych i obranych

1 ½ łyżeczki drobno startej skórki z cytryny

1 łyżka świeżego tymianku

1 ½ łyżeczki mielonego czarnego pieprzu

½ łyżeczki nitek szafranu

2 liście laurowe

1 cytryna pokrojona na ćwiartki

1. Usuń szyję i podroby z kurczaka; wyrzuć go lub zachowaj do innego użytku. Opłucz jamę ciała kurczaka; osuszyć ręcznikiem papierowym. Odetnij nadmiar skóry lub tłuszczu z kurczaka.

2. W robocie kuchennym połącz oliwę z oliwek, czosnek, skórkę z cytryny, tymianek, pieprz i szafran. Przetwarzaj, aby uzyskać gładkie ciasto.

3. Palcami rozetrzyj ciasto po zewnętrznej powierzchni kurczaka i jego wnętrzu. Przenieś kurczaka do dużej miski; przykryj i wstaw do lodówki na co najmniej 8 godzin lub na całą noc.

4. Rozgrzej piekarnik do 200°C. Umieść ćwiartki cytryny i liście laurowe w jamie kurczaka. Zwiąż nogi razem sznurkiem kuchennym ze 100% bawełny. Umieść skrzydełka pod kurczakiem. Włóż termometr do mięsa w mięśnie uda, nie dotykając kości. Kurczaka ułożyć na kratce w dużym naczyniu żaroodpornym.

5. Grilluj przez 15 minut. Zmniejsz temperaturę piekarnika do 375°F. Piecz jeszcze około 1 godziny lub do momentu, aż sok będzie przezroczysty, a termometr wskaże 175°F. Zawiń kurczaka w folię aluminiową. Odczekaj 10 minut przed pokrojeniem.

ZEPSUTY KURCZAK Z SAŁATKA JICAMA

PRACA DOMOWA: 40 minut na grillu: 1 godzina 5 minut odpoczynku: 10 minut Wydajność: 4 porcje

„SPATCHCOCK" TO STARE OKREŚLENIE KULINARNEKTÓRE ZOSTAŁO NIEDAWNO PONOWNIE UŻYTE DO OPISANIA PROCESU ODWRACANIA MAŁEGO PTAKA, TAKIEGO JAK KURCZAK LUB KURA KORNWALIJSKA, STRONĄ DO PIECZENIA W DÓŁ, A NASTĘPNIE OTWIERANIA I SPŁASZCZANIA GO JAK KSIĄŻKI, ABY POMÓC MU SZYBCIEJ I RÓWNOMIERNIE UGOTOWAĆ PRZYPOMINA LOT MOTYLI, ALE DOTYCZY TYLKO DROBIU.

KURCZAK
- 1 poblano chili
- 1 łyżka drobno posiekanej szalotki
- 3 ząbki posiekanego czosnku
- 1 łyżeczka drobno startej skórki z cytryny
- 1 łyżeczka drobno startej skórki z limonki
- 1 łyżeczka przypraw wędzonych (patrz recepta)
- ½ łyżeczki suszonego oregano, rozgniecionego
- ½ łyżeczki mielonego kminku
- 1 łyżka oliwy z oliwek
- 1 cały kurczak o wadze od 3 do 3 ½ funtów

SAŁATKA Z KAPUSTY
- ½ średniej jicamy, obranej i startej (około 3 filiżanek)
- ½ szklanki cienko pokrojonej czerwonej cebuli (4)
- 1 jabłko Granny Smith, obrane, wydrążone i pokrojone w kostkę
- ⅓ szklanki posiekanej świeżej kolendry
- 3 łyżki świeżego soku pomarańczowego

3 łyżki oliwy z oliwek
1 łyżeczka przyprawy ziołowo-cytrynowej (patrz<u>recepta</u>)

1. W przypadku grilla węglowego umieść rozżarzone węgle po jednej stronie grilla. Umieść miskę ociekową pod pustą stroną grilla. Umieść poblano na grillu bezpośrednio nad średnimi węglami. Przykryj i grilluj przez 15 minut lub do momentu, aż poblano będzie zwęglone ze wszystkich stron, od czasu do czasu obracając. Natychmiast owinąć poblano folią aluminiową; odstawić na 10 minut. Otwórz folię aluminiową i przekrój poblano wzdłuż na pół; usuń łodygi i nasiona (patrz<u>chudy</u>). Za pomocą ostrego noża ostrożnie usuń skórę i wyrzuć. Drobno posiekaj poblano. (W przypadku grillów gazowych rozgrzej grill; zmniejsz ogień do średniego. Ustaw ogrzewanie pośrednie. Grilluj zgodnie z opisem powyżej nad zapalonym palnikiem.)

2. Aby przygotować sos, w małej misce połącz poblano, szalotkę, czosnek, skórkę z cytryny, skórkę z limonki, przyprawę wędzoną, oregano i kminek. Dodaj olej; dobrze wymieszaj, aby powstała pasta.

3. Aby rozprowadzić kurczaka, usuń szyję i podroby (zostaw do innego użytku). Połóż pierś kurczaka na desce do krojenia stroną do dołu. Za pomocą nożyczek kuchennych wykonaj wzdłużne nacięcie po jednej stronie kręgosłupa, zaczynając od końca szyi. Powtórz nacięcie podłużne po przeciwnej stronie kręgosłupa. Usuń i wyrzuć kręgosłup. Połóż kurczaka skórą do góry. Naciśnij między piersiami, aby złamać mostek, tak aby kurczak leżał płasko.

4. Zaczynając od szyi po jednej stronie piersi, przesuwaj palcami między skórą a mięsem, rozluźniając skórę,

kierując się w stronę uda. Rozluźnij skórę wokół uda. Powtórz po drugiej stronie. Palcami rozprowadź nacieranie na mięsie pod skórą kurczaka.

5. Połóż kurczaka piersią do dołu na ruszcie nad miską ociekową. Waga z dwiema cegłami owiniętymi folią aluminiową lub dużą żeliwną patelnią. Przykryj i grilluj przez 30 minut. Połóż kurczaka na metalowej kratce kością do dołu i ponownie doważ cegłami lub patelnią. Grilluj pod przykryciem jeszcze około 30 minut lub do momentu, aż kurczak przestanie być różowy (175°F w mięśniach uda). Usuń kurczaka z grilla; odstawić na 10 minut. (W przypadku grillów gazowych umieść kurczaka na grillu z dala od źródła ciepła. Grilluj zgodnie z opisem powyżej.)

6. W międzyczasie przygotuj sałatkę, w dużej misce połącz jicamę, zieloną cebulę, jabłko i kolendrę. W małej misce wymieszaj sok pomarańczowy, olej i skórkę z cytryny. Wlać mieszaninę jicama i wymieszać. Podawaj kurczaka z sałatką.

GRILLOWANE UDKA Z KURCZAKA Z WODKA, MARCHEWKA I SOSEM POMIDOROWYM

PRACA DOMOWA: Gotuj 15 minut: piecz 15 minut: 30 minut
Wydajność: 4 porcje

WODKE MOZNA PRZYGOTOWAC Z ROZNYCH SKLADNIKOWROZNE PRODUKTY SPOZYWCZE, TAKIE JAK ZIEMNIAKI, KUKURYDZA, ZYTO, PSZENICA I JECZMIEN, A NAWET WINOGRONA. CHOCIAZ W TYM DIPIE NIE MA ZBYT WIELE WODKI, JESLI PODZIELISZ GO NA CZTERY PORCJE, SZUKAJ WODKI Z ZIEMNIAKOW LUB WINOGRON, ABY BYLA PRZYJAZNA PALEO.

- 3 łyżki oliwy z oliwek
- 4 tylne ćwiartki kurczaka bez kości lub mięsiste kawałki kurczaka, bez skóry
- 1 28-uncjowa puszka pomidorów śliwkowych bez dodatku soli, odsączona
- ½ szklanki drobno posiekanej cebuli
- ½ szklanki drobno posiekanej marchewki
- 3 ząbki posiekanego czosnku
- 1 łyżka przypraw śródziemnomorskich (patrz recepta)
- ⅛ łyżeczki pieprzu cayenne
- 1 gałązka świeżego rozmarynu
- 2 łyżki wódki
- 1 łyżka posiekanej świeżej bazylii (opcjonalnie)

1. Rozgrzej piekarnik do 100°C. Rozgrzej 2 łyżki oleju na bardzo dużej patelni na średnim ogniu. Dodaj kurczaka; piec około 12 minut lub do złotego koloru, równomiernie

brązowiejącego. Włóż patelnię do nagrzanego piekarnika. Grilluj bez przykrycia przez 20 minut.

2. W międzyczasie przygotuj sos, pokrój pomidory nożyczkami kuchennymi. W średnim rondlu rozgrzej pozostałą łyżkę oleju na średnim ogniu. Dodaj cebulę, marchewkę i czosnek; gotować 3 minuty lub do miękkości, często mieszając. Dodać pokrojone w kostkę pomidory, przyprawę śródziemnomorską, pieprz cayenne i gałązkę rozmarynu. Doprowadzić do wrzenia na średnim ogniu; zmniejszyć gorączkę Dusić bez przykrycia przez 10 minut, od czasu do czasu mieszając. Dodaj wódkę; gotuj jeszcze 1 minutę; usuń i wyrzuć gałązkę rozmarynu.

3. Podawaj sos na kurczaka na patelni. Włóż patelnię z powrotem do piekarnika. Grilluj pod przykryciem jeszcze około 10 minut lub do momentu, aż kurczak będzie miękki i nie będzie już różowy (175°F). W razie potrzeby posypać bazylią.

POULET RÔTI I FRYTKI Z RUTABAGI

PRACA DOMOWA:W piekarniku po 40 minutach: 40 minut
Wydajność: 4 porcje

CHRUPIACE FRYTKI Z RUTABAGI SA PYSZNEPODAWANE Z PIECZONYM KURCZAKIEM I TOWARZYSZACYMI MU SOSAMI KUCHENNYMI, ALE ROWNIE SMACZNE SA PRZYGOTOWANE SAMODZIELNIE I PODAWANE Z KETCHUPEM PALEO (PATRZRECEPTA) LUB PODAWANE PO BELGIJSKU Z PALEO AIOLI (MAJONEZ CZOSNKOWY, PATRZRECEPTA).

6 łyżek oliwy z oliwek
1 łyżka przypraw śródziemnomorskich (patrzrecepta)
4 udka z kurczaka bez kości i skóry (łącznie około 1 ¼ funta)
4 udka z kurczaka bez skóry (łącznie około 1 funta)
1 szklanka wytrawnego białego wina
1 szklanka bulionu z kości kurczaka (patrzrecepta) lub niesolony bulion z kurczaka
1 mała cebula, pokrojona w ćwiartki
Oliwa z oliwek
Bagaż autobusowy o wadze od 1½ do 2 funtów
2 łyżki świeżego szczypiorku pokrojonego w paski
Czarny pieprz

1. Rozgrzej piekarnik do 200°F. W małej misce połącz 1 łyżkę oliwy z oliwek i przyprawę śródziemnomorską; natrzeć kawałki kurczaka. Na bardzo dużej patelni żaroodpornej rozgrzej 2 łyżki oleju. Dodaj kawałki kurczaka, mięsem do dołu. Gotuj bez przykrycia przez około 5 minut lub do złotego koloru. Zdejmij patelnię z ognia. Obróć kawałki

kurczaka złotą stroną do góry. Dodać wino, bulion z kości kurczaka i cebulę.

2. Włóż blachę do piekarnika na środkową półkę. Piec bez przykrycia przez 10 minut.

3. W międzyczasie, w przypadku ziemniaków, lekko posmaruj oliwą dużą blachę do pieczenia; na bok. Wyjmij bagaż z autobusu. Za pomocą ostrego noża pokrój brukiew w półcalowe plasterki. Pokrój wzdłuż na paski o grubości ½ cala. W dużej misce wymieszaj paski brukwi z pozostałymi 3 łyżkami oleju. Na przygotowanej blasze do pieczenia rozłóż paski brukwi w jednej warstwie; wstawić do piekarnika na górną półkę. Gotuj przez 15 minut; frytki Piecz kurczaka przez dodatkowe 10 minut lub do momentu, aż przestanie być różowy (175°F). Wyjmij kurczaka z piekarnika. Piecz frytki przez 5 do 10 minut lub do momentu, aż będą złocistobrązowe i miękkie.

4. Zdejmij kurczaka i cebulę z patelni, zachowując soki. Przykryj kurczaka i cebulę, aby pozostały ciepłe. Doprowadzić do wrzenia na średnim ogniu; zmniejszyć gorączkę Gotuj bez przykrycia przez kolejne 5 minut lub do momentu, aż sok lekko się zredukuje.

5. Do podania wrzucić smażone ziemniaki ze szczypiorkiem i doprawić pieprzem. Podawaj kurczaka z sosami i frytkami.

COQ AU VIN Z TRZECH GRZYBOW Z PUREE Z RUTABAGI

PRACA DOMOWA:15 minut gotowania: 1 godzina 15 minut
Wydajność: 4 do 6 porcji

JESLI W MISCE JEST PIASEKPO NAMOCZENIU SUSZONYCH GRZYBOW, A PEWNIE ICH TROCHE BEDZIE, PRZECEDZ PLYN PRZEZ PODWOJNA WARSTWE GAZY UMIESZCZONEJ NA GESTYM SITKU.

- 1 uncja suszonych grzybów lub smardzów
- 1 szklanka wrzącej wody
- 2 do 2 ½ funtów udek i udek z kurczaka bez skóry
- Czarny pieprz
- 2 łyżki oliwy z oliwek
- 2 średnie pory, przekrojone wzdłuż na pół, opłukane i pokrojone w cienkie plasterki
- 2 grzyby portobello pokrojone w plasterki
- 8 uncji świeżych boczniaków, obranych i pokrojonych w plasterki lub świeżych grzybów, pokrojonych w plasterki
- ¼ szklanki niesolonej pasty pomidorowej
- 1 łyżeczka suszonego majeranku, rozgniecionego
- ½ łyżeczki suszonego tymianku, zmiażdżonego
- ½ szklanki wytrawnego czerwonego wina
- 6 szklanek bulionu z kości kurczaka (patrzrecepta) lub niesolony bulion z kurczaka
- 2 liście laurowe
- 2 do 2 ½ funtów brukwi, obranych i posiekanych
- 2 łyżki świeżego szczypiorku pokrojonego w paski
- ½ łyżeczki czarnego pieprzu
- posiekany świeży tymianek (opcjonalnie)

1. W małej misce połącz grzyby z wrzącą wodą; odstawić na 15 minut. Wyjąć grzyby zachowując płyn z moczenia. Posiekaj grzyby. Odłóż grzyby i płyn, w którym się moczyły.

2. Posyp kurczaka papryką. Rozgrzej 1 łyżkę oliwy z oliwek na średnim ogniu na bardzo dużej patelni z dobrze dopasowaną pokrywką. Smaż kawałki kurczaka w dwóch partiach na gorącym oleju przez około 15 minut, aż lekko się zarumienią, raz przewracając. Zdejmij kurczaka z patelni. Dodać pory, grzyby portobello i boczniaki. Gotuj 4 do 5 minut lub do momentu, aż grzyby zaczną się brązowieć, od czasu do czasu mieszając. Dodać koncentrat pomidorowy, majeranek i tymianek; gotować i mieszać przez 1 minutę. Dodaj wino; gotować i mieszać przez 1 minutę. Dodaj 3 szklanki bulionu z kości kurczaka, liście laurowe, ½ szklanki płynu do namaczania grzybów i nawodnione grzyby. Wróć kurczaka na patelnię. Doprowadzić do wrzenia; zmniejszyć gorączkę Dusić pod przykryciem,

3. W międzyczasie w dużym garnku wymieszaj brukiew z pozostałymi 3 szklankami bulionu. Jeśli to konieczne, dodaj wodę, aby przykryć rutabagę. Doprowadzić do wrzenia; zmniejszyć gorączkę Gotuj na wolnym ogniu bez przykrycia przez 25 do 30 minut lub do momentu, aż brukiewa będzie miękka, od czasu do czasu mieszając. Odcedź brukiew, zachowując płyn. Włóż rutabagę z powrotem do garnka. Dodać pozostałą 1 łyżkę oliwy z oliwek, dymkę i ½ łyżeczki pieprzu. Za pomocą tłuczka do ziemniaków rozgnieć mieszaninę brukwi, dodając w razie

potrzeby płyn do gotowania, aby uzyskać pożądaną konsystencję.

4. Usuń liście laurowe z mieszanki kurczaka; wymieszać. Podawać kurczaka i sos na puree z rutabagi. W razie potrzeby posypać świeżym tymiankiem.

BECZKI GLAZUROWANE BRZOSKWINIOWĄ BRANDY

PRACA DOMOWA:30 minut na grillu: 40 minut temu: 4 porcje

TE NOZKI Z KURCZAKA SA IDEALNEZ CHRUPIACA SALATKA I PIKANTNYMI PIECZONYMI FRYTKAMI Z PIKANTNEGO PRZEPISU NA LOPATKE TUNEZYJSKA (PATRZRECEPTA). TUTAJ POKAZANA Z CHRUPIACA SALATKA Z JARMUZU, RZODKIEWKI, MANGO I MIETY (PATRZRECEPTA).

GLAZURA BRZOSKWINIOWO-BRANDY
1 łyżka oliwy z oliwek
½ szklanki posiekanej cebuli
2 średnie świeże brzoskwinie, przekrojone na połówki, wypestkowane i posiekane
2 łyżki brandy
1 szklanka sosu barbecue (patrzrecepta)
8 udek z kurczaka (łącznie 2 do 2 ½ funta), w razie potrzeby bez skóry

1. Aby przygotować glazurę, w średnim rondlu rozgrzej oliwę z oliwek na średnim ogniu. Dodaj cebulę; gotować około 5 minut lub do miękkości, od czasu do czasu mieszając. Dodaj brzoskwinie. Przykryj i gotuj przez 4 do 6 minut lub do momentu, aż brzoskwinie będą miękkie, od czasu do czasu mieszając. Dodaj brandy; gotować bez przykrycia przez 2 minuty, od czasu do czasu mieszając. Niech trochę ostygnie. Przenieś mieszaninę brzoskwiń do blendera lub robota kuchennego. Przykryj i zmiksuj lub zmiksuj na gładką masę. Dodaj sos barbecue. Przykryj i zmiksuj lub zmiksuj na gładką masę. Sos z powrotem włóż do garnka. Gotuj na średnim ogniu, aż się rozgrzeje. Przenieś ¾

szklanki sosu do małej miski, aby pokryć kurczaka. Pozostały sos utrzymuj w cieple i podawaj z grillowanym kurczakiem.

2. W przypadku grilla węglowego umieść węgiel drzewny na średnim ogniu wokół miski ociekowej. Spróbuj na średnim ogniu na tacy ociekowej. Udka z kurczaka ułóż na grillu nad patelnią ociekową. Przykryj i grilluj przez 40 do 50 minut lub do czasu, aż kurczak przestanie być różowy (60°C), obracając w połowie czasu i smarując ¾ szklanki glazury brandy-brzoskwiniowej przez ostatnie 5 minut. 10 minut smażenia. (W przypadku grilla gazowego rozgrzej grill. Zmniejsz ogień do średniego. Dostosuj ogień do gotowania pośredniego. Dodaj udka z kurczaka do grillowania z ognia. Przykryj i grilluj zgodnie z zaleceniami).

KURCZAK MARYNOWANY W CHILE Z SAŁATKĄ Z MANGO I MELONA

PRACA DOMOWA: 40 minut do ostygnięcia/marynowania: 2 do 4 godzin Grillowanie: 50 minut Wydajność: 6 do 8 porcji

ANCHO CHILI TO SUSZONE POBLANO— JASNE, CIEMNOZIELONE CHILI O WYJATKOWO SWIEZYM SMAKU. CHILLI ANCHO MAJA LEKKO OWOCOWY SMAK Z NUTA SLIWKI LUB RODZYNEK I LEKKA NUTA GORYCZY. CHILLI Z NOWEGO MEKSYKU MOGA BYC UMIARKOWANIE GORACE. SA TO CIEMNOCZERWONE PAPRYCZKI CHILI, KTORE MOZNA ZOBACZYC W SKUPISKACH I ZAWIESZONYCH W RISTRACH, KOLOROWYCH KOMPOZYCJACH SUSZONYCH PAPRYCZEK CHILI, W NIEKTORYCH CZESCIACH POLUDNIOWEGO ZACHODU.

KURCZAK
  2 suszone chili z Nowego Meksyku
  2 suszone papryczki ancho
  1 szklanka wrzącej wody
  3 łyżki oliwy z oliwek
  1 duża słodka cebula, obrana i pokrojona w grube plasterki
  4 pomidory rzymskie, pozbawione rdzenia
  1 łyżka posiekanego czosnku (6 ząbków)
  2 łyżeczki mielonego kminku
  1 łyżeczka suszonego oregano, rozgniecionego
  16 udek z kurczaka

SALATKA
  2 szklanki pokrojonego w kostkę melona
  2 szklanki pokrojonej w kostkę melasy

2 szklanki pokrojonego mango
¼ szklanki świeżego soku z limonki
1 łyżeczka chili w proszku
½ łyżeczki mielonego kminku
¼ szklanki świeżej kolendry, posiekanej

1. W przypadku kurczaka usuń łodygi i nasiona z suszonej papryki i anchos z Nowego Meksyku. Rozgrzej dużą patelnię na średnim ogniu. Smaż chili na patelni przez 1 do 2 minut lub do momentu, aż zaczną pachnieć i lekko się przyrumienią. Umieść pieczone chili w małej misce; do miski dodać wrzącą wodę. Pozostaw na co najmniej 10 minut lub do momentu użycia.

2. Rozgrzej grill. Wyłóż blachę do pieczenia folią aluminiową; Na folii aluminiowej rozsmaruj 1 łyżkę oliwy z oliwek. Na patelni ułóż plasterki cebuli i pomidory. Grilluj około 4 cali od ognia przez 6 do 8 minut lub do momentu, aż będą miękkie i zwęglone. Odcedź chili, zachowując wodę.

3. Na marynatę w blenderze lub robocie kuchennym połącz chili, cebulę, pomidory, czosnek, kminek i oregano. Przykryj i zmiksuj lub zmiksuj na gładką masę, dodając w razie potrzeby wodę, aby puree osiągnęło pożądaną konsystencję.

4. Umieść kurczaka w dużej zamykanej plastikowej torbie w płytkim naczyniu. Wlać marynatę do rękawa do wyciskania kurczaka, odwracając rękaw, aby równomiernie go pokrył. Marynuj w lodówce przez 2 do 4 godzin, od czasu do czasu obracając torebkę.

5. Do sałatki w bardzo dużej misce wymieszaj kantalupę, melasę, mango, sok z limonki, 2 łyżki oliwy z oliwek, chili

w proszku, kminek i pozostałą kolendrę. Rzuć do przykrycia. Przykryj i przechowuj w lodówce przez 1 do 4 godzin.

6. W przypadku grilla węglowego umieść węgiel drzewny na średnim ogniu wokół miski ociekowej. Przetestuj na średnim ogniu na patelni. Odcedzić kurczaka, zachowując marynatę. Usmażonego kurczaka połóż na patelni ociekowej. Obficie posmaruj kurczaka odrobiną marynaty (niedodatkową marynatę wyrzuć). Przykryj i grilluj przez 50 minut lub do momentu, aż kurczak przestanie być różowy (175°F), obracając raz w połowie grillowania. (W przypadku grilla gazowego rozgrzej grill. Zmniejsz ogień do średniego. Ustaw ogień pośredni. Kontynuuj zgodnie z zaleceniami, umieszczając kurczaka na małym ogniu.) Podawaj udka z kurczaka z sałatką.

UDKA Z KURCZAKA W STYLU TANDOORI Z RAITA Z OGORKIEM

PRACA DOMOWA: 20 minut Marynata: 2 do 24 godzin Grill: 25 minut Wydajność: 4 porcje

RAITA PRZYRZĄDZANA JEST Z ORZECHÓW NERKOWCA. ŚMIETANKA, SOK Z CYTRYNY, MIĘTA, KOLENDRA I OGÓREK. STANOWI ORZEŹWIAJĄCY KONTRAPUNKT DLA GORĄCEGO I PIKANTNEGO KURCZAKA.

KURCZAK
- 1 cebula, pokrojona w cienkie paski
- 1 2-calowy kawałek świeżego imbiru, obrany i pokrojony w ćwiartki
- 4 ząbki czosnku
- 3 łyżki oliwy z oliwek
- 2 łyżki świeżego soku z cytryny
- 1 łyżeczka mielonego kminku
- 1 łyżeczka mielonej kurkumy
- ½ łyżeczki mielonego pieprzu
- ½ łyżeczki mielonego cynamonu
- ½ łyżeczki czarnego pieprzu
- ¼ łyżeczki pieprzu cayenne
- 8 udek z kurczaka

RAITA Z OGÓRKA
- 1 szklanka kremu z nerkowców (patrz recepta)
- 1 łyżka świeżego soku z cytryny
- 1 łyżka posiekanej świeżej mięty
- 1 łyżka świeżej kolendry pokrojonej w paski
- ½ łyżeczki mielonego kminku

⅛ łyżeczki czarnego pieprzu

1 średni ogórek, obrany, pozbawiony nasion i pokrojony w kostkę (1 szklanka)

Plastry cytryny

1. Połącz cebulę, imbir, czosnek, oliwę z oliwek, sok z cytryny, kminek, kurkumę, ziele angielskie, cynamon, czarny pieprz i cayenne w blenderze lub robocie kuchennym. Przykryj i zmiksuj lub zmiksuj na gładką masę.

2. Czubkiem noża kuchennego dźgnij każde podudzie cztery lub pięć razy. Umieść podudzia w dużej, zamykanej plastikowej torbie w dużej misce. Dodaj mieszaninę cebuli; obrócić i marynować w lodówce przez 2 do 24 godzin, od czasu do czasu obracając torebkę.

3. Rozgrzej grill. Wyjmij kurczaka z marynaty. Użyj ręczników papierowych, aby wytrzeć nadmiar marynaty z podudzi. Ułóż batony na drucianej kratce nad nieogrzewaną patelnią lub wyłożoną folią blachą do pieczenia. Grilluj w odległości 6–8 cali od źródła ciepła przez 15 minut. Odwróć rolki bębna; Piec przez około 10 minut lub do momentu, aż kurczak przestanie być różowy (175°F).

4. Na raitę wymieszaj w średniej misce krem z nerkowców, sok z limonki, miętę, kolendrę, kminek i czarny pieprz. Ostrożnie dodaj ogórek.

5. Podawaj kurczaka z raitą i kawałkami cytryny.

GULASZ Z KURCZAKA CURRY Z KORZENIAMI, SZPARAGAMI I MIĘTĄ O SMAKU ZIELONEGO JABŁKA

PRACA DOMOWA: 30 minut gotowania: 35 minut odpoczynku: 5 minut Wydajność: 4 porcje

- 2 łyżki rafinowanego oleju kokosowego lub oliwy z oliwek
- 2 funty piersi z kurczaka z kością, w razie potrzeby bez skóry
- 1 szklanka posiekanej cebuli
- 2 łyżki startego świeżego imbiru
- 2 łyżki mielonego czosnku
- 2 łyżki niesolonego curry w proszku
- 2 łyżki posiekanego i pozbawionego pestek jalapeño (patrz chudy)
- 4 szklanki bulionu z kości kurczaka (patrz recepta) lub niesolony bulion z kurczaka
- 2 średnie słodkie ziemniaki (około 1 funta), obrane i posiekane
- 2 średnie buraki (około 6 uncji), obrane i posiekane
- 1 szklanka pomidorów pozbawionych nasion i pokrojonych w kostkę
- 8 uncji szparagów, przyciętych i pokrojonych na 1-calowe kawałki
- 1 13,5-uncjowa puszka zwykłego mleka kokosowego (np. Nature's Way)
- ½ szklanki świeżej kolendry pokrojonej w paski
- Sos jabłkowo-miętowy (patrz recepta, pod)
- Plastry cytryny

1. Rozgrzej olej na średnim ogniu w 6-litrowym piekarniku holenderskim. Smażymy kurczaka partiami na gorącym oleju, aż będzie równomiernie rumiany, około 10 minut. Przenieś kurczaka na talerz; na bok.

2. Zmień ogień na średni. Do garnka dodaj cebulę, imbir, czosnek, curry i jalapeño. Gotuj i mieszaj przez 5 minut lub do momentu, aż cebula zmięknie. Dodaj bulion z kości kurczaka, słodkie ziemniaki, rzepę i pomidory. Umieść kawałki kurczaka z powrotem w garnku i spróbuj zanurzyć kurczaka w jak największej ilości płynu. Zmniejsz temperaturę do średnio-niskiej. Przykryj i gotuj na wolnym ogniu przez 30 minut lub do czasu, aż kurczak przestanie być różowy, a warzywa będą miękkie. Dodać szparagi, mleko kokosowe i kolendrę. Zdjąć z ognia. Pozostaw na 5 minut. W razie potrzeby odetnij kurczaka od kości i rozłóż go równomiernie pomiędzy miskami. Podawać z miętowym musem jabłkowym i cząstkami limonki.

Sos Jabłkowo-Miętowy: W robocie kuchennym zmiksuj ½ szklanki niesłodzonych płatków kokosowych, aż uzyskasz kruszonkę. Dodaj 1 szklankę świeżych liści kolendry i gotuj na parze; 1 szklanka świeżych liści mięty; 1 jabłko Granny Smith, obrane i posiekane; 2 łyżeczki jalapeno, posiekanego i pozbawionego nasion (patrz <u>chudy</u>); i 1 łyżka świeżego soku z cytryny. Naciśnij, aż drobno posiekane.

SAŁATKA Z GRILLOWANYM KURCZAKIEM, MALINAMI, BURAKAMI I PRAŻONYMI MIGDAŁAMI

PRACA DOMOWA: 30 minut Pieczenie: 45 minut Marynowanie: 15 minut Grillowanie: 8 minut Wydajność: 4 porcje

- ½ szklanki całych migdałów
- 1 ½ łyżeczki oliwy z oliwek
- 1 średni burak
- 1 średni złoty burak
- 2 połówki piersi kurczaka bez kości i skóry o masie od 6 do 8 uncji
- 2 szklanki świeżych lub mrożonych malin, rozmrożonych
- 3 łyżki octu winnego czerwonego lub białego
- 2 łyżki świeżego estragonu pokrojonego w paski
- 1 łyżka posiekanej szalotki
- 1 łyżeczka musztardy typu Dijon (patrz recepta)
- ¼ szklanki oliwy z oliwek
- Czarny pieprz
- 8 szklanek mieszanych warzyw

1. Aby przygotować migdały, rozgrzej piekarnik do 200°F. Rozłóż migdały na małej blasze do pieczenia i polej ½ łyżeczki oliwy z oliwek. Piec około 5 minut lub do momentu, aż będą pachnące i złociste. Ostudzić. (Migdały można upiec 2 dni wcześniej i przechowywać w szczelnym pojemniku).

2. Buraki połóż na małym kawałku folii aluminiowej i skrop ½ łyżeczki oliwy z oliwek. Buraki owiń luźno folią aluminiową i ułóż na blasze do pieczenia lub blasze do pieczenia. Piec buraki w piekarniku nagrzanym na 200°F

przez 40 do 50 minut lub do momentu, aż będą miękkie po przekłuciu nożem. Wyjmij z piekarnika i odczekaj, aż ostygnie na tyle, że będzie można go wyjąć. Usuń skórę nożem kuchennym. Pokrój rzepę w kostkę i odłóż na bok. (Unikaj miksowania buraków, aby zapobiec ich brązowieniu. Buraki można upiec 1 dzień wcześniej i przechowywać w lodówce. Przed podaniem doprowadzić do temperatury pokojowej.)

3. Każdą pierś z kurczaka przekrój poziomo na pół. Umieść każdy kawałek kurczaka pomiędzy dwoma kawałkami folii. Za pomocą tłuczka do mięsa delikatnie ubijaj, aż masa będzie miała grubość około cala. Umieść kurczaka w płytkim naczyniu i odłóż na bok.

4. Na sos winegret zmiksuj blenderem ¾ szklanki malin w dużej misce (pozostałe maliny zostaw do sałatki). Dodać ocet, estragon, szalotkę i musztardę Dijon; ubić do wymieszania. Dodaj ¼ szklanki oliwy z oliwek cienkim strumieniem, dobrze wymieszaj. Polej kurczaka ½ szklanki winegretu; obróć kurczaka do panierowania (resztę sosu winegret zostaw do sałatki). Pozostaw kurczaka do marynowania w temperaturze pokojowej na 15 minut. Wyjmij kurczaka z marynaty i posyp pieprzem; resztę marynaty wylej na talerz.

5. W przypadku grilla węglowego lub gazowego umieść kurczaka na bezpośrednim grillu na średnim ogniu. Przykryj i grilluj przez 8 do 10 minut lub do momentu, aż kurczak przestanie być różowy, obracając go w połowie grillowania. (Kurczak można również grillować.)

6. W dużej misce połącz sałatę, buraki i pozostałe 1 ¼ szklanki malin. Sałatkę polej zarezerwowanym winegretem; delikatnie wrzucić do pokrycia. Podziel sałatkę na cztery talerze; Na każdym kładziemy kawałek grillowanej piersi z kurczaka. Prażone migdały siekamy na duże kawałki i posypujemy wierzch. Natychmiast podawaj.

PIERS Z KURCZAKA FASZEROWANA BROKULAMI Z SOSEM ZE SWIEZYCH POMIDOROW I SALATKA CEZAR

PRACA DOMOWA: 40 minut Czas gotowania: 25 minut Wydajność: 6 porcji

3 łyżki oliwy z oliwek
2 łyżeczki mielonego czosnku
¼ łyżeczki posiekanej czerwonej papryki
1 funt brokułów raab, przyciętych i posiekanych
½ szklanki niesiarkowanych złotych rodzynek
½ szklanki wody
4 połówki piersi kurczaka bez kości i skóry, od 5 do 6 uncji
1 szklanka posiekanej cebuli
3 szklanki posiekanych pomidorów
¼ szklanki posiekanej świeżej bazylii
2 łyżeczki czerwonego octu winnego
3 łyżki świeżego soku z cytryny
2 łyżki Paleo Mayo (patrz recepta)
2 łyżeczki musztardy typu Dijon (patrz recepta)
1 łyżeczka mielonego czosnku
½ łyżeczki czarnego pieprzu
¼ szklanki oliwy z oliwek
10 szklanek posiekanej sałaty rzymskiej

1. Rozgrzej 1 łyżkę oliwy z oliwek na dużej patelni na średnim ogniu. Dodaj czosnek i posiekaną czerwoną paprykę; gotuj i mieszaj przez 30 sekund lub do momentu, aż zacznie pachnieć. Dodać pokrojone brokuły, rodzynki i ½ szklanki wody. Przykryj i gotuj przez około 8 minut lub do momentu, aż brokuły będą miękkie i delikatne. Zdejmij

pokrywkę z patelni; pozwolić, aby nadmiar wody odparował. Na bok.

2. Na bułki przekrój każdą pierś kurczaka wzdłuż na pół; umieść każdy kawałek pomiędzy dwoma arkuszami plastikowej folii. Używając płaskiej strony tłuczka do mięsa, lekko ubij kurczaka, aż uzyska grubość około ¼ cala. Na każdą bułkę nałóż około ¼ szklanki mieszanki brokułów raab na jeden z krótszych końców; zwinąć, złożyć na boki tak, aby całkowicie zakryć nadzienie. (Bułki można przygotować maksymalnie 1 dzień wcześniej i przechowywać w lodówce do momentu ugotowania.)

3. Rozgrzej 1 łyżkę oliwy z oliwek na dużej patelni na średnim ogniu. Dodaj bułki, zszyj boki. Gotuj przez około 8 minut lub do złotego koloru ze wszystkich stron, obracając dwa lub trzy razy podczas gotowania. Roladki przełożyć na talerz.

4. Na sos, na patelni na średnim ogniu rozgrzej pozostałą 1 łyżkę oliwy z oliwek. Dodaj cebulę; gotować przez około 5 minut lub do momentu, aż będzie przezroczysty. Dodaj pomidory i bazylię. Połóż bułki na sosie na patelni. Doprowadzić do wrzenia na średnim ogniu; zmniejszyć gorączkę Przykryj i gotuj na wolnym ogniu przez około 5 minut lub do czasu, aż pomidory zaczną się rozpadać, ale nadal zachowają swój kształt, a bułki się podgrzeją.

5. Aby przygotować sos, w małej misce wymieszaj sok z cytryny, majonez Paleo, musztardę Dijon, czosnek i czarny pieprz. Dodaj ¼ szklanki oliwy z oliwek i ubijaj, aż powstanie emulsja. W dużej misce wymieszaj dressing z posiekaną sałatą rzymską. Przed podaniem podziel sałatę

rzymską na sześć talerzy. Pokrój bułki i ułóż je na sałacie rzymskiej; skropić ketchupem.

GRILLOWANE WRAPY Z KURCZAKIEM SHAWARMA Z PIKANTNYMI WARZYWAMI I SOSEM Z ORZESZKOW PINIOWYCH

PRACA DOMOWA: 20 minut marynowanie: 30 minut grillowanie: 10 minut przygotowanie: 8 bułek (4 porcje)

- 1 ½ funta piersi z kurczaka bez kości i skóry, pokrojonej na 2-calowe kawałki
- 5 łyżek oliwy z oliwek
- 2 łyżki świeżego soku z cytryny
- 1¾ łyżeczki mielonego kminku
- 1 łyżeczka mielonego czosnku
- 1 łyżeczka czerwonej papryki
- ½ łyżeczki curry w proszku
- ½ łyżeczki mielonego cynamonu
- ¼ łyżeczki pieprzu cayenne
- 1 średnia cukinia, przekrojona na pół
- 1 mały bakłażan pokrojony w ½-calowe plasterki
- 1 duża żółta papryka, przekrojona na pół i pozbawiona nasion
- 1 średnia czerwona cebula, pokrojona w ćwiartki
- 8 pomidorków koktajlowych
- 8 dużych liści sałaty masłowej
- Sos z pieczonych orzeszków piniowych (zob recepta)
- Plastry cytryny

1. Na marynatę w małej misce wymieszaj 3 łyżki oliwy z oliwek, sok z cytryny, 1 łyżeczkę kminku, czosnek, ½ łyżeczki czerwonej papryki, curry w proszku, ¼ łyżeczki cynamonu i pieprz cayenne Umieść kawałki kurczaka w dużej zamykanej plastikowej torbie w płytkim naczyniu. Marynatą polej kurczaka. Zapieczętuj torbę; zamień torbę

w płaszcz. Marynuj w lodówce przez 30 minut, od czasu do czasu obracając torebkę.

2. Wyjmij kurczaka z marynaty; wyrzucić marynatę. Nadziewaj kurczaka na cztery długie patyczki do szaszłyków.

3. Cukinię, bakłażan, paprykę i cebulę ułożyć na blasze do pieczenia. Skropić 2 łyżkami oliwy z oliwek. Posyp ¾ łyżeczki kminku, pozostałą ½ łyżeczki papryki i pozostałą ¼ łyżeczki cynamonu; Lekko natrzyj warzywa. Połóż pomidory na dwóch szynach.

3. W przypadku grilla węglowego lub gazowego, umieść szaszłyki z kurczaka i pomidorów oraz warzywa na grillu na średnim ogniu. Przykryj i grilluj, aż kurczak przestanie być różowy, a warzywa lekko zwęglone i chrupiące, przewracając raz. Odczekaj 10–12 minut w przypadku kurczaka, 8–10 minut w przypadku warzyw i 4 minuty w przypadku pomidorów.

4. Zdejmij kurczaka z szaszłyków. Kurczaka pokroić, a cukinię, bakłażana i paprykę pokroić na małe kawałki. Usuń pomidory z szaszłyków (nie siekaj). Połóż kurczaka i warzywa na talerzu. Aby podać, połóż kurczaka i warzywa na sałacie; polać sosem z prażonych orzeszków piniowych. Podawać z cząstkami cytryny.

PIECZONA PIERS Z KURCZAKA Z GRZYBAMI, KALAFIOREM DUSZONYM W CZOSNKU I PIECZONYMI SZPARAGAMI

ZACZNIJ KONCZYC: Wydajność 50 minut: 4 porcje

4 10-12 uncji piersi z kurczaka z kością, bez skóry
3 szklanki małych białych grzybów
1 szklanka pokrojonych w cienkie plasterki porów lub żółtej cebuli
2 szklanki bulionu z kości kurczaka (patrz recepta) lub niesolony bulion z kurczaka
1 szklanka wytrawnego białego wina
1 duży pęczek świeżego tymianku
Czarny pieprz
biały ocet winny (opcjonalnie)
1 główka kalafiora, podzielona na kalafiory
12 obranych ząbków czosnku
2 łyżki oliwy z oliwek
Pieprz biały lub cayenne
1 funt szparagów, posiekanych
2 łyżeczki oliwy z oliwek

1. Rozgrzej piekarnik do 200°F. Umieść piersi z kurczaka w prostokątnym naczyniu do pieczenia o pojemności 3 litrów; na wierzch połóż grzyby i por. Do kurczaka i warzyw wlać bulion z kości kurczaka i wino. Posypać tymiankiem i posypać czarnym pieprzem. Przykryj talerz folią aluminiową.

2. Piec 35 do 40 minut lub do momentu, gdy termometr włożony do kurczaka wskaże temperaturę 170° F. Usuń i

wyrzuć gałązki tymianku. Jeśli chcesz, przed podaniem dopraw płyn do duszenia odrobiną octu.

2. W międzyczasie w dużym garnku ugotuj kalafior i czosnek we wrzącej wodzie pod przykryciem, przez około 10 minut lub do momentu, aż będą bardzo miękkie. Odcedź kalafior i czosnek, zachowując 2 łyżki płynu z gotowania. W robocie kuchennym lub dużej misce umieść kalafior i zarezerwowany płyn do gotowania. Zmiksuj na gładką masę* lub rozgnieć tłuczkiem do ziemniaków; dodać 2 łyżki oliwy z oliwek i doprawić do smaku białym pieprzem. Trzymaj w cieple, aż będzie gotowy do podania.

3. Ułóż szparagi w jednej warstwie na blasze do pieczenia. Skropić 2 łyżkami oliwy z oliwek i wymieszać. Posyp czarnym pieprzem. Piec w piekarniku nagrzanym na 200°F przez około 8 minut lub do momentu, aż będą chrupiące, raz obracając.

4. Rozłóż puree kalafiorowe na sześciu talerzach. Na wierzchu ułóż kurczaka, grzyby i por. Wlać trochę płynu do duszenia; podawać z pieczonymi szparagami.

*Uwaga: jeśli używasz robota kuchennego, uważaj, aby nie przerobić kalafiora, w przeciwnym razie kalafior będzie zbyt cienki.

ZUPA Z KURCZAKA W STYLU TAJSKIM

PRACA DOMOWA:Zamrażanie 30 minut: Pieczenie 20 minut: 50 minut Wydajność: 4 do 6 porcji

TAMARYNDOWIEC TO GORZKI I MUZYKALNY OWOCSTOSOWANY JEST W KUCHNI INDYJSKIEJ, TAJSKIEJ I MEKSYKAŃSKIEJ. WIELE DOSTĘPNYCH NA RYNKU PAST Z TAMARYNDOWCA ZAWIERA CUKIER; UPEWNIJ SIĘ, ŻE KUPUJESZ TAKI, KTÓRY GO NIE ZAWIERA. LIŚCIE LIMONKI KAFFIR MOŻNA ZNALEŹĆ NA WIĘKSZOŚCI RYNKÓW AZJATYCKICH W POSTACI ŚWIEŻEJ, MROŻONEJ I SUSZONEJ. JEŚLI NIE MOŻESZ ICH ZNALEŹĆ, ZASTĄP LIŚCIE W TYM PRZEPISIE 1 ½ ŁYŻECZKI DROBNO STARTEJ SKÓRKI Z LIMONKI.

- 2 łodygi cytryny, pokrojone
- 2 łyżki nierafinowanego oleju kokosowego
- ½ szklanki pokrojonej w cienkie plasterki czerwonej cebuli
- 3 duże ząbki czosnku, pokrojone w cienkie plasterki
- 8 szklanek bulionu z kością kurczaka (patrz<u>recepta</u>) lub niesolony bulion z kurczaka
- ¼ szklanki niesłodzonej pasty z tamaryndowca (takiej jak marki Tamicon)
- 2 łyżki płatków nori
- 3 świeże tajskie papryki, pokrojone w cienkie plasterki z nienaruszonymi nasionami (patrz<u>chudy</u>)
- 3 liście limonki kaffir
- 1 3-calowy kawałek imbiru, pokrojony w cienkie plasterki
- 4 6-uncjowe połówki piersi kurczaka bez kości i skóry
- 1 14,5-uncjowa puszka pokrojonych w kostkę pieczonych pomidorów bez dodatku soli, bez odsączenia

6 uncji cienkich szparagów, przyciętych i cienko pokrojonych ukośnie na ½-calowe kawałki

½ szklanki pakowanych liści tajskiej bazylii (patrz<u>notatka</u>)

1. Mocno dociskając grzbietem noża, posiekaj łodygi cytryny. Drobno posiekaj posiniaczone łodygi.

2. Rozgrzej olej kokosowy na średnim ogniu w holenderskim piekarniku. Dodaj cytrynę i szczypiorek; gotować przez 8 do 10 minut, często mieszając. Dodaj czosnek; Gotuj i mieszaj przez 2 do 3 minut lub do momentu, aż zacznie pachnieć.

3. Dodać bulion z kości kurczaka, pastę tamaryndowca, płatki nori, chili, liście limonki i imbir. Doprowadzić do wrzenia; zmniejszyć gorączkę Przykryj i gotuj na małym ogniu przez 40 minut.

4. W międzyczasie zamroź kurczaka na 20–30 minut lub do momentu, aż będzie twardy. Kurczaka pokroić w cienkie plasterki.

5. Zupę przecedzić przez drobne sito do dużego garnka, dociskając grzbietem dużej łyżki, aby wydobyć smaki. Wyrzucić ciała stałe. Doprowadzić zupę do wrzenia. Dodaj kurczaka, nieodsączone pomidory, szparagi i bazylię. Zredukować ciepło; Gotuj na wolnym ogniu bez przykrycia przez 2 do 3 minut lub do momentu, aż kurczak będzie ugotowany. Natychmiast podawaj.

GRILLOWANY KURCZAK Z CYTRYNĄ I SZAŁWIĄ Z ENDYWIĄ

PRACA DOMOWA:15 minut pieczenia: 55 minut odpoczynku: 5 minut Wydajność: 4 porcje

PLASTERKI CYTRYNY I LIŚĆ SZAŁWII.UMIESZCZONY POD SKÓRĄ KURCZAKA NADAJE MU AROMAT PODCZAS PIECZENIA I TWORZY CHARAKTERYSTYCZNY WZÓR POD CHRUPIĄCĄ, NIEPRZEZROCZYSTĄ SKÓRKĄ PO WYJĘCIU Z PIEKARNIKA.

- 4 piersi z kurczaka z kością (ze skórą)
- 1 cytryna, pokrojona w bardzo cienkie plasterki
- 4 duże liście szałwii
- 2 łyżeczki oliwy z oliwek
- 2 łyżeczki przypraw śródziemnomorskich (patrz recepta)
- ½ łyżeczki czarnego pieprzu
- 2 łyżki oliwy z oliwek z pierwszego tłoczenia
- 2 szalotki, pokrojone w plasterki
- 2 ząbki posiekanego czosnku
- 4 główki kopru włoskiego, przecięte wzdłuż na pół

1. Rozgrzej piekarnik do 200°F. Za pomocą noża ostrożnie zdejmij skórę z każdej połówki piersi i odłóż ją na bok. Na każdej piersi połóż 2 plasterki cytryny i 1 liść szałwii. Delikatnie pociągnij skórę na miejsce i delikatnie dociśnij, aby zabezpieczyć.

2. Umieść kurczaka na płytkiej patelni. Posmaruj kurczaka 2 łyżeczkami oliwy z oliwek; posypać przyprawą śródziemnomorską i ¼ łyżeczki pieprzu. Grilluj bez przykrycia przez około 55 minut lub do czasu, aż skóra stanie się złotobrązowa i chrupiąca, a termometr włożony

do pasków kurczaka wskaże temperaturę 170° F. Pozwól kurczakowi odpocząć 10 minut przed podaniem.

3. W międzyczasie na dużej patelni rozgrzej na średnim ogniu 2 łyżki oliwy z oliwek. Dodaj szalotkę; gotować przez około 2 minuty lub do momentu, aż będzie przezroczysty. Posyp endywię pozostałą ¼ łyżeczki pieprzu. Dodaj czosnek na patelnię. Endywię ułożyć na patelni, przeciąć boki w dół. Piec przez około 5 minut lub do złotego koloru. Ostrożnie obróć endywię; gotuj jeszcze 2–3 minuty lub do miękkości. Podawać z kurczakiem.

KURCZAK Z DYMKĄ, RZEŻUCHĄ I RZODKIEWKAMI

PRACA DOMOWA:Gotowane 20 minut: Gotowane 8 minut: 30 minut Wydajność: 4 porcje

CHOCIAZ GOTOWANIE RZODKIEWEK MOZE WYDAWAC SIE DZIWNE,TUTAJ SA LEDWO UGOTOWANE, WYSTARCZY, ABY ZLAGODZIC ICH MOCNY KES I TROCHE JE ZMIEKCZYC.

3 łyżki oliwy z oliwek
4 10-12 uncji piersi z kurczaka z kością (ze skórą)
1 łyżka przyprawy ziołowo-cytrynowej (patrz<u>recepta</u>)
¾ szklanki posiekanej cebuli
6 rzodkiewek pokrojonych w cienkie plasterki
¼ łyżeczki czarnego pieprzu
½ szklanki wytrawnego białego wermutu lub białego wytrawnego wina
⅓ szklanki kremu z nerkowców (patrz<u>recepta</u>)
1 pęczek rzeżuchy wodnej, łodygi przycięte i pokrojone
1 łyżka świeżego koperku, pokrojonego w paski

1. Rozgrzej piekarnik do 150° F. Rozgrzej oliwę z oliwek na dużej patelni na średnim ogniu. Kurczaka osusz ręcznikiem papierowym. Smaż kurczaka skórą do dołu przez 4 do 5 minut lub do momentu, aż skóra stanie się złotobrązowa i chrupiąca. Odwróć kurczaka; gotować przez około 4 minuty lub do złotego koloru. Ułóż kurczaka skórą do góry w płytkim naczyniu żaroodpornym. Posyp kurczaka sosem cytrynowym. Piec przez około 30 minut lub do momentu, gdy termometr włożony do stojaka na kurczaka wskaże temperaturę 170°F.

2. W międzyczasie z patelni zlej całą łyżkę tłuszczu oprócz 1 łyżki; Ponownie podgrzej patelnię. Dodaj szczypiorek i rzodkiewki; smażyć przez około 3 minuty lub do momentu, aż cebula zwiędnie. Posypać pieprzem. Dodaj wermut i mieszaj, aby zeskrobać brązowe kawałki. Doprowadzić do wrzenia; gotować aż zredukuje się i lekko zgęstnieje. Dodaj krem z nerkowców; doprowadzić do wrzenia. Zdejmij patelnię z ognia; dodać rzeżuchę i koperek i delikatnie wymieszać, aż rzeżucha zwiędnie. Dodaj nagromadzony sok z kurczaka do naczynia do pieczenia.

3. Podzielić mieszaninę cebuli na cztery talerze; na wierzchu kurczak.

KURCZAK TIKKA MASALA

PRACA DOMOWA: 30 minut Marynowanie: 4 do 6 godzin Gotowanie: 15 minut Grillowanie: 8 minut Wydajność: 4 porcje

INSPIRACJA BYLO BARDZO POPULARNE DANIE INDYJSKIE, KTORE BYC MOZE W OGOLE NIE ZOSTALO ZROBIONE W INDIACH, ALE W INDYJSKIEJ RESTAURACJI W WIELKIEJ BRYTANII. TRADYCYJNY KURCZAK TIKKA MASALA POLEGA NA MARYNOWANIU GO W JOGURCIE, A NASTEPNIE GOTOWANIU W PIKANTNYM SOSIE POMIDOROWYM ZE SMIETANA. BEZ NABIALU, KTORY PRZYTEPIA SMAK SOSU, TA WERSJA SMAKUJE SZCZEGOLNIE CZYSTO. ZAMIAST RYZU PODAJE SIE GO Z CHRUPIACYM MAKARONEM Z CUKINII.

- 1 ½ funta udka z kurczaka bez kości i skóry lub połówek piersi z kurczaka
- ¾ szklanki zwykłego mleka kokosowego (takiego jak Nature's Way)
- 6 ząbków mielonego czosnku
- 1 łyżka startego świeżego imbiru
- 1 łyżeczka mielonej kolendry
- 1 łyżeczka czerwonej papryki
- 1 łyżeczka mielonego kminku
- ¼ łyżeczki mielonego kardamonu
- 4 łyżki rafinowanego oleju kokosowego
- 1 szklanka posiekanej marchewki
- 1 seler pokrojony w cienkie plasterki
- ½ szklanki posiekanej cebuli
- 2 papryczki jalapeño lub serrano, pozbawione nasion (w razie potrzeby) i pokrojone w cienkie plasterki (patrz chudy)

1 14,5-uncjowa puszka pokrojonych w kostkę pieczonych pomidorów bez dodatku soli, bez odsączenia
1 8-uncjowa puszka ketchupu bez dodatku soli
1 łyżeczka garam masala bez dodatku soli
3 średnie cukinie
½ łyżeczki czarnego pieprzu
świeże liście kolendry

1. Jeśli używasz udek z kurczaka, pokrój każde udo na trzy części. Jeśli używasz połówek piersi kurczaka, przekrój każdą pierś na pół na 2-calowe kawałki, a grubsze części przetnij poziomo na pół, aby były cieńsze. Umieść kurczaka w dużej, zamykanej plastikowej torbie; na bok. Na marynatę wymieszaj w małej misce ½ szklanki mleka kokosowego, czosnek, imbir, kolendrę, paprykę, kminek i kardamon. Zalej marynatą kurczaka w torbie. Zawiąż torebkę i zamień ją w kurczaka. Umieść torebkę w średniej misce; marynować w lodówce przez 4 do 6 godzin, od czasu do czasu obracając torebkę.

2. Rozgrzej grill. Na dużej patelni rozgrzej 2 łyżki oleju kokosowego na średnim ogniu. Dodaj marchewkę, seler i cebulę; Gotuj 6 do 8 minut lub do momentu, aż warzywa będą miękkie, od czasu do czasu mieszając. Dodaj papryczki jalapeno; gotuj i mieszaj jeszcze 1 minutę. Dodać nieodsączone pomidory i ketchup. Doprowadzić do wrzenia; zmniejszyć gorączkę Dusić bez przykrycia przez około 5 minut lub do momentu, aż sos lekko zgęstnieje.

3. Odcedź kurczaka, wylewając marynatę. Kawałki kurczaka ułożyć w jednej warstwie na nieogrzewanym stojaku na patelni. Grilluj od 5 do 6 cali od ognia przez 8 do 10 minut lub do momentu, aż kurczak przestanie być różowy,

obracając raz w połowie. Dodaj ugotowane kawałki kurczaka i ¼ szklanki mleka kokosowego do mieszanki pomidorów na patelni. Gotuj 1 do 2 minut lub do momentu, aż się rozgrzeje. Zdjąć z ognia; dodaj garam masalę.

4. Odetnij końcówki cukinii. Cukinię pokroić w długie, cienkie paski za pomocą noża julienne. Rozgrzej pozostałe 2 łyżki oleju kokosowego na bardzo dużej patelni na średnim ogniu. Dodać paski cukinii i czarny pieprz. Gotuj i mieszaj przez 2 do 3 minut lub do momentu, aż cukinia będzie chrupiąca.

5. Przed podaniem podziel cukinię na cztery talerze. Na wierzch połóż mieszaninę kurczaka. Udekoruj liśćmi kolendry.

UDKA Z KURCZAKA RAS EL HANOUT

PRACA DOMOWA:Czas gotowania 20 minut: 40 minut. Wydajność: 4 porcje

RAS EL HANOUT JEST SKOMPLIKOWANEORAZ MIESZANKA EGZOTYCZNYCH MAROKANSKICH PRZYPRAW. WYRAZENIE TO PO ARABSKU OZNACZA „KIEROWNIK SKLEPU" I WSKAZUJE, ZE JEST TO WYJATKOWA MIESZANKA NAJLEPSZYCH PRZYPRAW OFEROWANA PRZEZ HANDLARZA PRZYPRAWAMI. NIE MA PRZEPISU NA RAS EL HANOUT, ALE CZESTO ZAWIERA MIESZANKE IMBIRU, ANYZU, CYNAMONU, GALKI MUSZKATOLOWEJ, ZIAREN PIEPRZU, GOZDZIKOW, KARDAMONU, SUSZONYCH KWIATOW (TAKICH JAK LAWENDA I ROZA), CZARNUSZKI, KWIATU MUSZKATOLOWEGO, GALANGI I KURKUMY..

- 1 łyżka mielonego kminku
- 2 łyżeczki mielonego imbiru
- 1 ½ łyżeczki czarnego pieprzu
- 1 ½ łyżeczki mielonego cynamonu
- 1 łyżeczka mielonej kolendry
- 1 łyżeczka pieprzu cayenne
- 1 łyżeczka mielonego pieprzu
- ½ łyżeczki mielonych goździków
- ¼ łyżeczki mielonej gałki muszkatołowej
- 1 łyżka nitek szafranu (opcjonalnie)
- 4 łyżki nierafinowanego oleju kokosowego
- 8 udek z kurczaka z kością
- 1 8-uncjowe opakowanie świeżych grzybów, pokrojone w plasterki

1 szklanka posiekanej cebuli

1 szklanka posiekanej czerwonej, żółtej lub zielonej papryki (1 duża)

4 pomidory rzymskie, obrane, wypestkowane i posiekane

4 ząbki czosnku, posiekane

2 puszki zwykłego mleka kokosowego (np. Nature's Way) o pojemności 13,5 uncji

3 do 4 łyżek świeżego soku z cytryny

¼ szklanki drobno posiekanej świeżej kolendry

1. Aby przygotować ras el hanout, w średnim moździerzu lub małej misce wymieszaj kminek, imbir, czarny pieprz, cynamon, kolendrę, cayenne, pieprz, goździki, gałkę muszkatołową i, jeśli to konieczne, szafran. Rozdrobnić w moździerzu lub wymieszać łyżką do dokładnego wymieszania. Na bok.

2. Rozgrzej 2 łyżki oleju kokosowego na dużej patelni na średnim ogniu. Posyp udka kurczaka 1 łyżką ras el hanout. Dodaj kurczaka na patelnię; gotuj przez 5 do 6 minut lub do złotego koloru, obracając raz w połowie gotowania. Zdejmij kurczaka z patelni; trzymaj się ciepło

3. Na tej samej patelni na średnim ogniu rozgrzej pozostałe 2 łyżki oleju kokosowego. Dodać pieczarki, cebulę, paprykę, pomidory i czosnek. Gotuj i mieszaj przez około 5 minut lub do momentu, aż warzywa będą miękkie. Dodaj mleko kokosowe, sok z limonki i 1 łyżkę ras el hanout. Wróć kurczaka na patelnię. Doprowadzić do wrzenia; zmniejszyć gorączkę Gotować na wolnym ogniu pod przykryciem przez około 30 minut lub do momentu, aż kurczak będzie miękki (175°F).

4. W miskach podawaj kurczaka, warzywa i sos. Udekorować kolendrą.

Uwaga: Resztę Ras el Hanout przechowuj w szczelnym pojemniku przez okres do 1 miesiąca.

UDKA Z KURCZAKA MARYNOWANE W KARAMBOLI NA SMAZONYM SZPINAKU

PRACA DOMOWA: 40 minut Marynata: 4 do 8 godzin Gotowanie: 45 minut Wydajność: 4 porcje

JESLI TO KONIECZNE, OSUSZ KURCZAKA.PAPIEROWYM RECZNIKIEM PO WYJECIU Z MARYNATY ZANIM ZARUMIENI SIE NA PATELNI. POZOSTALY W MIESIE PLYN NALEZY SPRYSKAC GORACYM OLEJEM.

- 8 udek kurczaka z kością (1,5 do 2 funtów), bez skóry
- ¾ szklanki octu jabłkowego lub białego octu jabłkowego
- ¾ szklanki świeżego soku pomarańczowego
- ½ szklanki wody
- ¼ szklanki posiekanej cebuli
- ¼ szklanki świeżej kolendry, posiekanej
- 4 ząbki czosnku, posiekane
- ½ łyżeczki czarnego pieprzu
- 1 łyżka oliwy z oliwek
- 1 karambola pokrojona w plasterki
- 1 szklanka bulionu z kości kurczaka (patrz<u>recepta</u>) lub niesolony bulion z kurczaka
- 2 9-uncjowe opakowania świeżych liści szpinaku
- świeże liście kolendry (opcjonalnie)

1. Włóż kurczaka do garnka ze stali nierdzewnej lub emalii; na bok. W średniej misce połącz ocet, sok pomarańczowy, wodę, cebulę, ¼ szklanki posiekanej kolendry, czosnku i pieprzu; polej kurczaka. Przykryj i przechowuj w lodówce przez 4 do 8 godzin.

2. Zagotuj mieszaninę kurczaka w rondlu na średnim ogniu; zmniejszyć gorączkę Przykryj i gotuj na wolnym ogniu przez 35 do 40 minut lub do momentu, aż kurczak przestanie być różowy (175°F).

3. Rozgrzej olej na średnim ogniu na bardzo dużej patelni. Za pomocą szczypiec wyjmij kurczaka z piekarnika holenderskiego, delikatnie potrząsając, aby spuścić płyn z gotowania; oszczędzaj płyn do gotowania. Obsmaż kurczaka ze wszystkich stron, często go obracając, aby równomiernie się zrumienił.

4. W międzyczasie, przygotowując sos, odcedź płyn z gotowania; Wróć do holenderskiego piekarnika. Doprowadzić do wrzenia. Gotować około 4 minut, aby zredukować i lekko zgęstnieć; dodaj karambolę; gotować jeszcze 1 minutę. Wróć kurczaka do sosu w piekarniku holenderskim. Zdjąć z ognia; przykryć, żeby było ciepło.

5. Wyczyść patelnię. Wlać bulion z kości kurczaka na patelnię. Doprowadzić do wrzenia na średnim ogniu; dodać szpinak. Zredukować ciepło; gotuj przez 1 do 2 minut lub do momentu, aż szpinak będzie miękki, ciągle mieszając. Szpinak przełóż na talerz z nacięciem. Na wierzch połóż kurczaka i sos. W razie potrzeby posypać liśćmi kolendry.

KURCZAK POBLANA TACOS Z MAJONEZEM CHIPOTLE

PRACA DOMOWA: Gotowane 25 minut: 40 minut Wydajność: 4 porcje

PODAWAJ TE BRUDNE, ALE SMACZNE TACOS WIDELCEM, ABY ZŁAPAĆ NADZIENIE, KTÓRE SPADNIE Z LIŚCI KAPUSTY PODCZAS JEDZENIA.

1 łyżka oliwy z oliwek

2 papryczki poblano, pozbawione nasion (w razie potrzeby) i posiekane (patrz chudy)

½ szklanki posiekanej cebuli

3 ząbki posiekanego czosnku

1 łyżka niesolonego chili w proszku

2 łyżeczki mielonego kminku

½ łyżeczki czarnego pieprzu

1 8-uncjowa puszka ketchupu bez dodatku soli

¾ szklanki bulionu z kości kurczaka (patrz recepta) lub niesolony bulion z kurczaka

1 łyżeczka suszonego meksykańskiego oregano, pokruszona

1 do 1 ½ funta udek z kurczaka bez kości i skóry

10 do 12 średnich i dużych liści kapusty

Chipotle Paleo Mayo (patrz recepta)

1. Rozgrzej piekarnik do 350° F. Rozgrzej olej na średnim ogniu na dużej patelni nadającej się do piekarnika. Dodać papryczki poblano, cebulę i czosnek; gotować i mieszać przez 2 minuty. Dodaj chili w proszku, kminek i czarny pieprz; gotuj i mieszaj jeszcze przez 1 minutę (w razie potrzeby zmniejsz ogień, aby przyprawy się nie przypaliły).

2. Na patelnię dodaj ketchup, bulion z kości kurczaka i oregano. Doprowadzić do wrzenia. Ostrożnie włóż udka z kurczaka do mieszanki pomidorowej. Przykryj patelnię pokrywką. Piec przez około 40 minut lub do momentu, aż kurczak będzie miękki (175°F), obracając w połowie pieczenia.

3. Zdejmij kurczaka z patelni; ochłoń trochę. Kurczaka pokrój na małe kawałki za pomocą dwóch widelców. Dodaj posiekanego kurczaka do mieszanki pomidorów na patelni.

4. Przed podaniem polej mieszaniną kurczaka liście kapusty; na wierzch posyp Chipotle Paleo Mayo.

GULASZ Z KURCZAKA Z MARCHEWKĄ I BOK CHOY

PRACA DOMOWA: Gotuj 15 minut: Odpocznij 24 minuty: 2 minuty
Wydajność: 4 porcje

BABY BOK CHOY JEST BARDZO DELIKATNY I MOZESZ GOTOWAC W MGNIENIU OKA. ABY ZACHOWAC CHRUPKOSC I SWIEZY SMAK, A NIE KRUCHOSC LUB ROZMOCZENIE, UPEWNIJ SIE, ZE PRZED PODANIEM GOTOWANO JE NA PARZE W GORACYM GARNKU (Z DALA OD OGNIA) PRZEZ NIE WIECEJ NIZ 2 MINUTY.

- 2 łyżki oliwy z oliwek
- 1 por, pokrojony w plasterki (biała i jasnozielona część)
- 4 szklanki bulionu z kości kurczaka (patrz recepta) lub niesolony bulion z kurczaka
- 1 szklanka wytrawnego białego wina
- 1 łyżka musztardy Dijon (patrz recepta)
- ½ łyżeczki czarnego pieprzu
- 1 gałązka świeżego tymianku
- 1¼ funta udek z kurczaka bez kości i skóry, pokrojonych na 1-calowe kawałki
- 8 uncji małych marchewek z wierzchołkami, wyszorowanych, przyciętych i przekrojonych wzdłuż na pół lub 2 średnie marchewki, pokrojone ukośnie
- 2 łyżeczki drobno startej skórki z cytryny (rezerwa)
- 1 łyżka świeżego soku z cytryny
- 2 główki baby bok choy
- ½ łyżeczki świeżego tymianku, startego

1. W dużym garnku rozgrzej 1 łyżkę oliwy z oliwek na średnim ogniu. Gotuj pory na gorącym oleju przez 3 do 4 minut lub do miękkości. Dodać bulion z kości kurczaka, wino, musztardę Dijon, ¼ łyżeczki pieprzu i gałązki tymianku.

Doprowadzić do wrzenia; zmniejszyć gorączkę Gotuj przez 10 do 12 minut lub do momentu, aż płyn zredukuje się o około jedną trzecią. Wyrzuć gałązkę tymianku.

2. W międzyczasie w holenderskim piekarniku rozgrzej pozostałą 1 łyżkę oliwy z oliwek na średnim ogniu. Posyp kurczaka pozostałą ¼ łyżeczki pieprzu. Smażyć na gorącym oleju przez około 3 minuty lub do złotego koloru, od czasu do czasu mieszając. W razie potrzeby odcedź tłuszcz. Ostrożnie dodaj bulion do garnka, zeskrobując brązowe kawałki; dodać marchewki. Doprowadzić do wrzenia; zmniejszyć gorączkę Gotuj na wolnym ogniu bez przykrycia przez 8 do 10 minut lub do momentu, aż marchewki będą miękkie. Dodaj sok z cytryny. Przekrój bok choy wzdłuż na pół. (Jeśli główki bok choy są duże, pokrój je na ćwiartki.) Połóż bok choy na kurczaku w garnku. Przykryj i zdejmij z ognia; odpocznij 2 minuty.

3. Podawaj gulasz w płytkich miskach. Posypać skórką z cytryny i paskami tymianku.

SMAŻONY KURCZAK Z ORZECHAMI NERKOWCA, POMARAŃCZĄ I PIEPRZEM NA PAPIERZE SAŁATKOWYM

ZACZNIJ KOŃCZYĆ:45 minut temu: 4 do 6 porcji

ZNAJDZIESZ DWA RODZAJEOLEJ KOKOSOWY NA PÓŁKACH, RAFINOWANY I EXTRA VIRGIN, LUB NIERAFINOWANY. JAK SAMA NAZWA WSKAZUJE, OLEJ KOKOSOWY EXTRA VIRGIN POCHODZI Z PIERWSZEGO TŁOCZENIA ŚWIEŻYCH, SUROWYCH ORZECHÓW KOKOSOWYCH. JEST TO ZAWSZE NAJLEPSZY WYBÓR PODCZAS GOTOWANIA NA ŚREDNIM LUB ŚREDNIO WYSOKIM OGNIU. RAFINOWANY OLEJ KOKOSOWY MA WYŻSZĄ TEMPERATURĘ DYMIENIA, DLATEGO UŻYWAJ GO TYLKO PODCZAS GOTOWANIA W WYSOKICH TEMPERATURACH.

- 1 łyżka rafinowanego oleju kokosowego
- 1½ do 2 funtów udek z kurczaka bez kości i skóry, pokrojonych w cienkie paski
- 3 papryki czerwone, pomarańczowe i/lub żółte, bez szypułek, nasiona usunięte i pokrojone w odpowiednie paski
- 1 czerwona cebula, przekrojona wzdłuż na pół i pokrojona w cienkie plasterki
- 1 łyżeczka drobno startej skórki pomarańczowej (zapasowa)
- ½ szklanki świeżego soku pomarańczowego
- 1 łyżka świeżego posiekanego imbiru
- 3 ząbki posiekanego czosnku
- 1 szklanka niesolonych orzechów nerkowca, uprażonych i posiekanych (patrz chudy)
- ½ szklanki pokrojonej w plasterki zielonej cebuli (4)
- 8 do 10 liści sałaty masłowej lub lodowej

1. Rozgrzej olej kokosowy na dużym ogniu w woku lub dużej patelni. Dodaj kurczaka; gotować i mieszać przez 2 minuty. Dodaj paprykę i cebulę; Gotuj i mieszaj przez 2 do 3 minut lub do momentu, aż warzywa zaczną mięknąć. Wyjmij kurczaka i warzywa z woka; trzymaj się ciepło

2. Osusz wok ręcznikiem papierowym. Dodaj sok pomarańczowy do woka. Gotuj przez około 3 minuty lub do momentu, aż soki się zagotują i lekko zredukują. Dodaj imbir i czosnek. Gotuj i mieszaj przez 1 minutę. Włóż ponownie mieszaninę kurczaka i papryki do woka. Dodaj skórkę pomarańczową, orzechy nerkowca i dymkę. Podawać smażone na liściach sałaty.

KURCZAK PO WIETNAMSKU Z KOKOSEM I CYTRYNĄ

ZACZNIJ KONCZYC:Wydajność 30 minut: 4 porcje

TO SZYBKIE KOKOSOWE CURRYMOZE ZNALEZC SIE NA STOLE W CIAGU 30 MINUT OD CHWILI, GDY ZACZNIESZ GO GRYZC, CO CZYNI GO IDEALNYM POSILKIEM NA PRACOWITY WIECZOR W TYGODNIU.

- 1 łyżka nierafinowanego oleju kokosowego
- 4 łodygi cytryny (tylko jasne części)
- 1 opakowanie 3,2 uncji boczniaków, posiekanych
- 1 duża cebula, pokrojona w cienkie plasterki, przekrojona na pół
- 1 świeże papryczki jalapeño, pozbawione nasion i drobno posiekane (patrz chudy)
- 2 łyżki posiekanego świeżego imbiru
- 3 ząbki posiekanego czosnku
- 1 ½ funta udka z kurczaka bez kości i skóry, pokrojonego w cienkie plasterki i pokrojonego na małe kawałki
- ½ szklanki zwykłego mleka kokosowego (takiego jak Nature's Way)
- ½ szklanki bulionu z kości kurczaka (patrz recepta) lub niesolony bulion z kurczaka
- 1 łyżka czerwonego curry w proszku bez soli
- ½ łyżeczki czarnego pieprzu
- ½ szklanki posiekanych świeżych liści bazylii
- 2 łyżki świeżego soku z limonki
- Niesłodzone wiórki kokosowe (opcjonalnie)

1. Rozgrzej olej kokosowy na średnim ogniu na bardzo dużej patelni. Dodaj cytrynę; gotować i mieszać przez 1 minutę. Dodaj grzyby, cebulę, jalapeño, imbir i czosnek; smaż i

mieszaj przez 2 minuty lub do momentu, aż cebula będzie miękka. Dodaj kurczaka; gotuj przez około 3 minuty lub do momentu, aż kurczak będzie ugotowany.

2. W małej misce wymieszaj mleko kokosowe, bulion z kości kurczaka, curry i czarny pieprz. Dodaj mieszaninę kurczaka na patelnię; gotować przez 1 minutę lub do momentu, aż płyn lekko zgęstnieje. Zdjąć z ognia; dodać świeżą bazylię i sok z limonki. W razie potrzeby posyp porcje wiórkami kokosowymi.

SAŁATKA Z GRILLOWANYM KURCZAKIEM I JABŁKIEM

PRACA DOMOWA:Grill 30 minut: 12 minut Wydajność: 4 porcje

JEŚLI CHCESZ SŁODSZE JABŁKOIDŹ Z HONEYCRISP. JEŚLI LUBISZ SZARLOTKĘ, UŻYJ GRANNY SMITH LUB DLA RÓWNOWAGI SPRÓBUJ POŁĄCZENIA TYCH DWÓCH ODMIAN.

3 średnie jabłka Honeycrisp lub Granny Smith
4 łyżeczki oliwy z oliwek z pierwszego tłoczenia
½ szklanki drobno posiekanej szalotki
2 łyżki posiekanej świeżej natki pietruszki
1 łyżka przyprawy do drobiu
3 do 4 endywii, pokrojonych na ćwiartki
1 funt piersi z kurczaka lub piersi z indyka
⅓ szklanki posiekanych prażonych orzechów laskowych*
⅓ szklanki klasycznego francuskiego winegretu (patrzrecepta)

1. Przekrój jabłka na pół i obierz je. Obierz i drobno posiekaj 1 jabłko. Podgrzej 1 łyżeczkę oliwy z oliwek na średnim ogniu na średniej patelni. Dodaj pokrojone jabłka i szalotkę; gotować do miękkości. Dodać natkę pietruszki i przyprawę do kurczaka. Ostudzić.

2. W międzyczasie wydrąż pozostałe 2 jabłka i pokrój je w plasterki. Posmaruj boki plasterków jabłka i posmaruj pozostałą oliwą z oliwek. Połącz mieszankę kurczaka i schłodzonych jabłek w dużej misce. Podziel na osiem części; Z każdej części uformuj placek o średnicy 2 cali.

3. W przypadku grilla węglowego lub gazowego połóż kotleciki z kurczaka i plasterki jabłka na bezpośrednim

grillu na średnim ogniu. Przykryj i grilluj przez 10 minut, obracając raz w połowie grilla. Dodaj endywię przeciętą stroną do dołu. Przykryj i grilluj przez 2 do 4 minut lub do momentu, aż endywia będzie lekko zwęglona, jabłka będą miękkie, a paszteciki z kurczaka będą gotowe (165°F).

4. Pokrój cykorię na duże kawałki. Podziel endywię na cztery talerze. Na wierzch połóż ciasto z kurczakiem, plasterki jabłka i orzechy laskowe. Polać klasycznym francuskim winegretem.

*Wskazówka: Aby opiekać orzechy laskowe, rozgrzej piekarnik do 150°F. Rozłóż orzechy w jednej warstwie w płytkim naczyniu do pieczenia. Piec 8 do 10 minut lub do momentu lekkiego zarumienienia, obracając raz, aby równomiernie się zarumieniło. Lekko ostudzić orzechy. Połóż ciepłe orzechy na czystej ściereczce; pocierać ręcznikiem, aby usunąć luźną skórę.

TOSKAŃSKA ZUPA Z KURCZAKA Z WSTĄŻKAMI JARMUŻU

PRACA DOMOWA:Czas gotowania: 15 minut: 20 minut Wydajność: 4 do 6 porcji

ŁYŻKA PESTO— BAZYLIA LUB RUKOLA DO WYBORU — DODAJE MNÓSTWO SMAKU TEJ AROMATYCZNEJ ZUPIE DOPRAWIONEJ BEZSOLNĄ PRZYPRAWĄ DO DROBIU. ABY JARMUŻ BYŁ JASNOZIELONY I ZAWIERAŁ JAK NAJWIĘCEJ SKŁADNIKÓW ODŻYWCZYCH, GOTUJ AŻ ZWIĘDNIE.

- 1 funt mielonego kurczaka
- 2 łyżki bez soli do przyprawienia drobiu
- 1 łyżeczka drobno startej skórki z cytryny
- 1 łyżka oliwy z oliwek
- 1 szklanka posiekanej cebuli
- ½ szklanki posiekanej marchewki
- 1 szklanka posiekanego selera
- 4 ząbki czosnku, pokrojone w plasterki
- 4 szklanki bulionu z kości kurczaka (patrz recepta) lub niesolony bulion z kurczaka
- 1 14,5-uncjowa puszka pieczonych pomidorów bez dodatku soli, bez odsączenia
- 1 pęczek kapusty Lacinato (toskańskiej), bez łodyżek, posiekanej
- 2 łyżki świeżego soku z cytryny
- 1 łyżeczka świeżego tymianku pokrojonego w paski
- Pesto z bazylii lub rukoli (patrz przepisy)

1. W średniej misce połącz kurczaka, przyprawę do kurczaka i skórkę z cytryny. Dobrze wymieszać

2. Rozgrzej oliwę z oliwek na średnim ogniu w holenderskim piekarniku. Dodaj mieszankę z kurczakiem, cebulę, marchewkę i seler; gotuj przez 5 do 8 minut lub do momentu, aż kurczak przestanie być różowy, mieszając drewnianą łyżką, aby rozdrobnić mięso i dodając ząbki czosnku w ostatniej minucie gotowania. Dodaj bulion z kości kurczaka i pomidory. Doprowadzić do wrzenia; zmniejszyć gorączkę Przykryj i gotuj na małym ogniu przez 15 minut. Dodać jarmuż, sok z cytryny i tymianek. Gotuj na wolnym ogniu bez przykrycia przez około 5 minut lub do momentu, aż jarmuż będzie miękki.

3. Przed podaniem rozlej zupę do misek i posyp pesto bazyliowym lub rukolą.

LARWA Z KURCZAKA

PRACA DOMOWA: Gotuj 15 minut: Studź 8 minut: 20 minut
Wydajność: 4 porcje

TO WERSJA POPULARNEGO TAJSKIEGO DANIA MOCNO PRZYPRAWIONY KURCZAK I WARZYWA PODAWANE NA LIŚCIACH SAŁATY SĄ NIEZWYKLE LEKKIE I AROMATYCZNE, BEZ DODATKU CUKRU, SOLI I SOSU RYBNEGO (KTÓRY ZAWIERA DUŻO SODU), KTÓRE ZWYKLE SKŁADAJĄ SIĘ NA MENU. Z CZOSNKIEM, TAJSKIM CHILI, CYTRYNĄ, SKÓRKĄ Z LIMONKI, SOKIEM Z LIMONKI, MIĘTĄ I KOLENDRĄ, TEGO NIE MOŻESZ PRZEGAPIĆ.

- 1 łyżka rafinowanego oleju kokosowego
- 2 funty mielonego kurczaka (95% chudej piersi lub mielonego)
- 8 uncji grzybów, drobno posiekanych
- 1 szklanka drobno posiekanej czerwonej cebuli
- 1 do 2 tajskich chilli, pozbawionych nasion i drobno posiekanych (patrz chudy)
- 2 łyżki mielonego czosnku
- 2 łyżki drobno posiekanej cytryny*
- ¼ łyżeczki mielonych goździków
- ¼ łyżeczki czarnego pieprzu
- 1 łyżka drobno startej skórki z limonki
- ½ szklanki świeżego soku z limonki
- ⅓ szklanki ciasno upakowanych świeżych liści mięty, posiekanych
- ⅓ szklanki drobno posiekanej świeżej kolendry, posiekanej
- 1 główka sałaty lodowej, podzielona na liście

1. Rozgrzej olej kokosowy na średnim ogniu na bardzo dużej patelni. Dodać kurczaka, pieczarki, cebulę, chili, czosnek, cytrynę, goździki i czarny pieprz. Gotuj przez 8 do 10 minut lub do momentu, aż kurczak będzie ugotowany, mieszając drewnianą łyżką, aby rozbić mięso podczas gotowania. W razie potrzeby odcedź. Przenieś mieszaninę kurczaka do bardzo dużej miski. Pozostawić do ostygnięcia na około 20 minut lub do momentu, gdy będzie nieco cieplejsza niż temperatura pokojowa, od czasu do czasu mieszając.

2. Do mieszanki z kurczakiem dodaj skórkę z limonki, sok z limonki, miętę i kolendrę. Podawać na liściach sałaty.

*Wskazówka: do przygotowania cytryny potrzebny jest ostry nóż. Odetnij zdrewniałą łodygę od podstawy łodygi i twarde zielone liście z wierzchołka rośliny. Usuń dwie twarde warstwy zewnętrzne. Powinieneś mieć kawałek cytryny o długości około 6 cali i bladożółtym kolorze. Przetnij łodygę poziomo na pół, a następnie każdą połówkę ponownie przekrój na pół. Każdą ćwiartkę łodygi pokroić w bardzo cienkie plasterki.

BURGERY Z KURCZAKIEM Z SOSEM Z NERKOWCÓW SYCHWANSKICH

PRACA DOMOWA: Gotuj 30 minut: 5 minut Grill: 14 minut
Wydajność: 4 porcje

OLEJ CHILI PRODUKOWANY PRZEZ OGRZEWANIE OLIWĘ Z POKRUSZONĄ CZERWONĄ PAPRYKĄ MOŻNA WYKORZYSTAĆ TAKŻE W INNY SPOSÓB. UŻYJ GO DO SMAŻENIA ŚWIEŻYCH WARZYW LUB POLEJ GO ODROBINĄ OLEJU CHILI PRZED GRILLOWANIEM.

- 2 łyżki oliwy z oliwek
- ¼ łyżeczki posiekanej czerwonej papryki
- 2 szklanki surowych i prażonych orzechów nerkowca (patrz chudy)
- ¼ szklanki oliwy z oliwek
- ½ szklanki startej cukinii
- ¼ szklanki drobno posiekanego szczypiorku
- 2 ząbki posiekanego czosnku
- 2 łyżeczki drobno startej skórki z cytryny
- 2 łyżeczki startego świeżego imbiru
- 1 funt piersi z kurczaka lub piersi z indyka

SOS Z NERKOWCÓW SYCHWANSKICH
- 1 łyżka oliwy z oliwek
- 2 łyżki drobno posiekanego szczypiorku
- 1 łyżka startego świeżego imbiru
- 1 łyżka chińskiego proszku pięciu smaków
- 1 łyżeczka świeżego soku z cytryny
- 4 liście sałaty zielonej lub masłowej

1. Aby przygotować olej chili, w małym rondlu połącz oliwę z oliwek i pokruszoną czerwoną paprykę. Podgrzewać na małym ogniu przez 5 minut. Zdjąć z ognia; niech zrobi się zimno.

2. Aby przygotować masło z nerkowców, w blenderze umieść orzechy nerkowca i 1 łyżkę oliwy z oliwek. Przykryj i mieszaj, aż uzyskasz kremową konsystencję, zatrzymując się, aby w razie potrzeby zeskrobać boki i dodaj dodatkową oliwę z oliwek, 1 łyżkę stołową na raz, aż wykorzystasz całą ¼ szklanki i masło będzie gładkie; na bok.

3. W dużej misce połącz cukinię, szczypiorek, czosnek, skórkę z cytryny i 2 łyżeczki imbiru. Dodaj mielonego kurczaka; Dobrze wymieszać Uformuj mieszaninę kurczaka w cztery kotlety o grubości ½ cala.

4. W przypadku grilla węglowego lub gazowego umieść ciasta na natłuszczonej ruszcie bezpośrednio na średnim ogniu. Przykryj i grilluj przez 14 do 16 minut lub do momentu ugotowania (165°F), obracając raz w połowie grillowania.

5. W międzyczasie na patelni rozgrzej oliwę z oliwek na średnim ogniu. Dodaj szczypiorek i 1 łyżkę imbiru; smaż na średnim ogniu przez 2 minuty lub do momentu, aż cebula zmięknie. Dodaj ½ szklanki masła z nerkowców (resztki masła z nerkowców przechowuj w lodówce do 1 tygodnia), olej chili, sok z cytryny i proszek pięciu przypraw. Gotuj przez kolejne 2 minuty. Zdjąć z ognia.

6. Połóż empanady na liściach sałaty. Wlać sos na wierzch.

TURECKI WRAP Z KURCZAKIEM

PRACA DOMOWA:25 minut przerwy: 15 minut Czas gotowania: 8 minut Wydajność: 4 do 6 porcji

„BAHARAT" PO ARABSKU OZNACZA PO PROSTU „PRZYPRAWĘ".WSZECHSTRONNA PRZYPRAWA W KUCHNI BLISKIEGO WSCHODU, CZĘSTO STOSOWANA JAKO NACIERANIE RYB, DROBIU I MIĘSA LUB MIESZANA Z OLIWĄ Z OLIWEK I STOSOWANA JAKO MARYNATA DO WARZYW. POŁĄCZENIE SŁODKICH I CIEPŁYCH PRZYPRAW, TAKICH JAK CYNAMON, KMINEK, KOLENDRA, GOŹDZIKI I PAPRYKA, NADAJE MU WYJĄTKOWY AROMAT. DODANIE SUSZONEJ MIĘTY TO TURECKI AKCENT.

- ⅓ szklanki suszonych moreli bez siarki, posiekanych
- ⅓ szklanki posiekanych suszonych fig
- 1 łyżka nierafinowanego oleju kokosowego
- 1,5 funta mielonej piersi z kurczaka
- 3 szklanki posiekanych porów (tylko białe i jasnozielone części) (3)
- ⅔ średniej zielonej i/lub czerwonej papryki, pokrojonej w cienkie plasterki
- 2 łyżki przyprawy Baharat (patrz recepta, pod)
- 2 ząbki posiekanego czosnku
- 1 szklanka posiekanych pomidorów bez pestek (2 średnie)
- 1 szklanka posiekanego ogórka bez pestek (½ średniej wielkości)
- ½ szklanki niesolonych pistacji, obranych i posiekanych, podprażonych (patrz chudy)
- ¼ szklanki posiekanej świeżej mięty
- ¼ szklanki posiekanej świeżej pietruszki

8 do 12 dużych liści sałaty masłowej lub Bibb

1. Umieść morele i figi w małej misce. Dodaj ⅔ szklanki wrzącej wody; odstawić na 15 minut. Odcedzić, zachowując ½ szklanki płynu.

2. W międzyczasie podgrzej olej kokosowy na średnim ogniu na bardzo dużej patelni. Dodaj mielonego kurczaka; smaż przez 3 minuty, mieszając drewnianą łyżką, aby rozdrobnić mięso podczas smażenia. Dodaj pory, paprykę, przyprawę Baharat i czosnek; Gotuj i mieszaj przez około 3 minuty lub do momentu, aż kurczak będzie ugotowany, a papryka miękka. Dodać morele, figi, zarezerwowany płyn, pomidory i ogórek. Gotuj i mieszaj przez około 2 minuty lub do momentu, aż pomidory i ogórek zaczną się rozpadać. Dodać pistacje, miętę i pietruszkę.

3. Podawaj kurczaka i warzywa na liściach sałaty.

Przyprawa Baharat: W małej misce wymieszaj 2 łyżki słodkiej papryki; 1 łyżka czarnego pieprzu; 2 łyżeczki suszonej mięty, dobrze pokruszonej; 2 łyżeczki mielonego kminku; 2 łyżeczki mielonej kolendry; 2 łyżeczki mielonego cynamonu; 2 łyżeczki zmielonych goździków; 1 łyżeczka mielonej gałki muszkatołowej; i 1 łyżeczka mielonego kardamonu. Przechowywać w szczelnie zamkniętym pojemniku w temperaturze pokojowej. Wychodzi około ½ filiżanki.

HISZPAŃSKIE KURY KORNWALIJSKIE

PRACA DOMOWA:Piekarnik 10 minut: Piekarnik 30 minut: 6 minut Wydajność: 2-3 porcje

TEN PRZEPIS NIE MOŻE BYĆ ŁATWIEJSZY„REZULTATY SĄ ABSOLUTNIE NIESAMOWITE. DUŻO WĘDZONEJ PAPRYKI, CZOSNKU I CYTRYNY NADAJE TYM PTAKOM MNÓSTWO SMAKU.

2 1,5-funtowe kury kornwalijskie, rozmrożone, jeśli zostały zamrożone

1 łyżka oliwy z oliwek

6 ząbków mielonego czosnku

2 lub 3 łyżki słodkiej wędzonej papryki

¼ do ½ łyżeczki pieprzu cayenne (opcjonalnie)

2 cytryny, pokrojone na ćwiartki

2 łyżki posiekanej świeżej natki pietruszki (opcjonalnie)

1. Rozgrzej piekarnik do 100°F. Aby skalować kury łowne, użyj nożyc kuchennych lub ostrego noża i przetnij obie strony wąskiego grzbietu. Otwórz motyla i przekrój kurczaka na pół przez mostek. Usuń zad, odcinając skórę i mięso oddzielające uda od piersi. Zachowaj skrzydło i pierś w stanie nienaruszonym. Natrzyj oliwą z oliwek kawałki kurczaka po kornwalii. Posypać posiekanym czosnkiem.

2. Ułóż kawałki kurczaka skórą do góry w bardzo dużym naczyniu żaroodpornym. Posypać wędzoną papryką i cayenne. Wyciśnij ćwiartki cytryny na kurczaka; na patelnię dodaj ćwiartki cytryny. Obróć kawałki kurczaka na patelni skórą do dołu. Przykryj i gotuj przez 30 minut. Wyjmij patelnię z piekarnika.

3. Rozgrzej grill. Obróć kawałki szczypcami. Wyreguluj ruszt piekarnika. Grilluj na wysokości 4 do 5 cali od ognia przez 6 do 8 minut, aż skóra stanie się złotobrązowa, a kurczak będzie ugotowany (175°F). Na wierzch wlać sok z patelni. W razie potrzeby posypać natką pietruszki.

PIERŚ Z KACZKI Z GRANATEM I SAŁATKĄ JÍCAMA

PRACA DOMOWA: 15 minut Czas gotowania: 15 minut Wydajność: 4 porcje

WYTNIJ WZÓR ROMBU TŁUSZCZ Z PIERSI KACZKI UMOŻLIWIA JEGO ODCIEK PODCZAS GOTOWANIA PIERSI Z PRZYPRAWIONĄ GARAM MASALA. TŁUSZCZ MIESZA SIĘ Z JICAMĄ, PESTKAMI GRANATU, SOKIEM POMARAŃCZOWYM I BULIONEM WOŁOWYM ORAZ PRZYPRAWIONYMI WARZYWAMI, ABY LEKKO ZWIĘDŁY.

- 4 piersi kaczki piżmowej bez kości (łącznie około 1½ do 2 funtów)
- 1 łyżka garam masali
- 1 łyżka nierafinowanego oleju kokosowego
- 2 szklanki jicamy, obranej i pokrojonej w kostkę
- ½ szklanki nasion granatu
- ¼ szklanki świeżego soku pomarańczowego
- ¼ szklanki bulionu z kości wołowych (patrz recepta) lub niesolony bulion wołowy
- 3 szklanki rzeżuchy wodnej, bez łodyżek
- 3 szklanki pokruszonej frisady i/lub cienko pokrojonej endywii belgijskiej

1. Za pomocą ostrego noża wykonaj płytkie nacięcia w kształcie rombu w tłuszczu z piersi kaczki w odległości 1 cala od siebie. Posyp garam masala po obu stronach połówek piersi. Rozgrzej bardzo dużą patelnię na średnim ogniu. Na gorącej patelni rozpuść olej kokosowy. Połówki piersi ułożyć skórą do dołu na brytfance. Gotuj przez 8 minut skórą do dołu, uważając, aby nie przyrumienić się zbyt szybko (w razie potrzeby zmniejsz ogień). Odwróć piersi z kaczki; Gotuj dodatkowe 5 do 6 minut lub do

momentu, gdy termometr natychmiastowy włożony do połówek piersi wskaże temperaturę 145°F na średnim poziomie. Wyjąć połówki piersi, zachowując tłuszcz na patelni; Przykryj folią aluminiową, aby utrzymać ciepło.

2. Do sosu dodaj jicamę do tłuszczu na patelni; gotować i mieszać przez 2 minuty na średnim ogniu. Do rondla dodać pestki granatu, sok pomarańczowy i bulion wołowy. Doprowadzić do wrzenia; natychmiast zdjąć z ognia.

3. Do sałatki w dużej misce połącz rzeżuchę i smażoną potrawę. Warzywa zalać gorącą przyprawą; pociągnąć do noszenia

4. Rozłóż sałatkę na czterech talerzach. Pierś z kaczki pokroić w cienkie plasterki i dodać do sałatek.

PIECZONY INDYK Z PUREE Z KORZENIA CZOSNKU

PRACA DOMOWA:1 godzina pieczenia: 2 godziny 45 minut przerwa: 15 minut Wydajność: 12 do 14 porcji

POSZUKAJ INDYKA, KTÓRY TO MANIE WSTRZYKNIĘTO SOLI FIZJOLOGICZNEJ. JEŚLI NA ETYKIECIE JEST NAPISANE „WZMOCNIONY" LUB „WSTRZYKNIĘTY AUTOMATYCZNIE", PRAWDOPODOBNIE ZAWIERA ON SÓD I INNE DODATKI.

1 indyk od 12 do 14 funtów

2 łyżki przypraw śródziemnomorskich (patrzrecepta)

¼ szklanki oliwy z oliwek

3 funty średnich marchewek, obranych, przyciętych i przekrojonych na pół lub na ćwiartki wzdłuż

1 przepis na pastę z korzenia czosnku (patrzrecepta, pod)

1. Rozgrzej piekarnik do 425° F. Usuń szyję i podroby z indyka; w razie potrzeby posortuj do innych zastosowań. Delikatnie rozluźnij skórę wokół krawędzi piersi. Wsuń palce pod skórę, aby utworzyć kieszeń na górze klatki piersiowej i na górze podudzia. Wsypać pod skórę 1 łyżkę przyprawy śródziemnomorskiej; palcami rozprowadź go równomiernie na klatce piersiowej i brzuchu. Odciągnij skórę szyi do tyłu; zapiąć wykałaczkami. Wsuń końce pałeczek pod skórzany pasek wzdłuż ogona. Jeśli nie ma paska ze skóry, przywiąż mocno policzki bębna do ogona za pomocą sznurka kuchennego ze 100% bawełny. Wsuń końcówki skrzydeł pod plecy.

2. Połóż pierś indyka stroną do góry na ruszcie w bardzo dużej, płytkiej brytfance. Indyka posmaruj 2 łyżkami oleju. Posyp indyka resztą przypraw śródziemnomorskich. Włóż termometr do mięsa w środek wewnętrznej strony

mięśnia uda; termometr nie powinien dotykać kości. Indyka luźno przykryj folią aluminiową.

3. Grilluj przez 30 minut. Zmniejsz temperaturę piekarnika do 325°F. Piec przez 1 i pół godziny. W bardzo dużej misce połącz marchewki z pozostałymi 2 łyżkami oleju; pociągnąć do noszenia Rozłóż marchewki na dużej blasze do pieczenia. Zdejmij folię z indyka i pokrój pasek skóry lub sznurek pomiędzy udkami. Piecz marchewkę i indyka przez kolejne 45 minut do 1 ¼ godziny lub do momentu, gdy termometr wskaże 175°F.

4. Wyjmij indyka z piekarnika. okładka; odczekaj 15-20 minut przed pokrojeniem. Indyka podawaj z marchewką i zmiażdżonymi korzeniami czosnku.

Puree z korzenia czosnku: Pokrój i obierz od 3 do 3 ½ funtów brukwi i 1 ½ do 2 funtów korzenia selera; pokroić na 2-calowe kawałki. W garnku o pojemności 6 litrów ugotuj brukiew i korzeń selera w wystarczającej ilości wrzącej wody, aby przykryła je przez 25 do 30 minut lub do miękkości. W międzyczasie w małym rondlu wymieszaj 3 łyżki oliwy z oliwek z pierwszego tłoczenia z 6–8 ząbkami mielonego czosnku. Gotuj na wolnym ogniu przez 5 do 10 minut lub do momentu, aż czosnek będzie bardzo pachnący, ale nie brązowy. Ostrożnie dodaj ¾ szklanki bulionu z kości kurczaka (patrz recepta) lub bulion z kurczaka bez dodatku soli. Doprowadzić do wrzenia; Zdjąć z ognia. Odcedź warzywa i włóż je z powrotem do garnka. Warzywa rozgnieść tłuczkiem do ziemniaków lub zmiksować mikserem elektrycznym na małym ogniu. Dodaj ½ łyżeczki czarnego pieprzu. Stopniowo ubijaj lub mieszaj bulion, aż warzywa się połączą i będą prawie miękkie. W razie potrzeby dodaj dodatkowo ¼ szklanki bulionu z kością kurczaka, aby uzyskać pożądaną konsystencję.

FASZEROWANA PIERŚ Z INDYKA Z SOSEM PESTO I SAŁATKĄ Z RUKOLI

PRACA DOMOWA:Tost 30 minut: 1 godzina 30 minut Odpoczynek: 20 minut Wydajność: 6 porcji

TO PROPOZYCJA DLA MIŁOŚNIKÓW BIAŁEGO MIĘSA.TAM CHRUPIĄCA PIERŚ Z INDYKA NADZIEWANA SUSZONYMI POMIDORAMI, BAZYLIĄ I ŚRÓDZIEMNOMORSKIMI PRZYPRAWAMI. RESZTKI STANOWIĄ WSPANIAŁY LUNCH.

1 szklanka suszonych pomidorów bez siarki (bez oleju)
1 4-funtowa pierś indyka bez kości ze skórą
3 łyżeczki przypraw śródziemnomorskich (patrz recepta)
1 szklanka ciasno upakowanych świeżych liści bazylii
1 łyżka oliwy z oliwek
8 uncji młodej rukoli
3 duże pomidory przekrojone na pół i pokrojone w plasterki
¼ szklanki oliwy z oliwek
2 łyżki czerwonego octu winnego
Czarny pieprz
1 ½ szklanki pesto bazyliowego (patrz recepta)

1. Rozgrzej piekarnik do 100°C. W małej misce zalej suszone pomidory taką ilością wrzącej wody, aby je przykryła. Pozostaw 5 minut; opłucz i drobno posiekaj.

2. Połóż pierś z indyka, skórą do dołu, na dużym arkuszu folii. Połóż kolejny kawałek plastikowej folii na indyku. Używając płaskiej strony tłuczka do mięsa, delikatnie wbij mostek, aż będzie równomiernie rozłożony, o grubości około ¾ cala. Wyrzuć plastikowe opakowanie. Posyp

mięso 1½ łyżeczki przyprawy śródziemnomorskiej. Na wierzch połóż pomidory i liście bazylii. Ostrożnie zwiń pierś z indyka, nie zostawiając skóry. Użyj sznurka kuchennego ze 100% bawełny, aby zawiązać stek w czterech lub sześciu miejscach, aby go zabezpieczyć. Posmaruj 1 łyżką oliwy z oliwek. Posyp stek pozostałą 1 ½ łyżeczki przyprawy śródziemnomorskiej.

3. Połóż pieczeń na ruszcie umieszczonym w płytkiej patelni, skórą do góry. Grilluj bez przykrycia przez 1,5 godziny lub do momentu, gdy termometr umieszczony blisko środka wskaże temperaturę 165°F, a skórka stanie się złotobrązowa i chrupiąca. Wyjmij indyka z piekarnika. Przykryj luźno folią aluminiową; odczekaj 20 minut przed krojeniem.

4. Aby przygotować sałatkę z rukoli, w dużej misce wymieszaj rukolę, pomidory, ¼ szklanki oliwy z oliwek, ocet i pieprz do smaku. Usuń nitki ze steku. Indyka pokroić w cienkie plasterki. Podawać z sałatką z rukoli i pesto bazyliowym.

PIKANTNA PIERŚ Z INDYKA Z WIŚNIOWYM SOSEM BBQ

PRACA DOMOWA:15 minut pieczenia: 1 godzina 15 minut odpoczynku: 45 minut Wydajność: 6 do 8 porcji

TO JEST DOBRY PRZEPISOBSŁUŻ TŁUMY NA PRZYDOMOWYM GRILLU, GDY CHCESZ ZROBIĆ COŚ WIĘCEJ NIŻ TYLKO BURGERY. PODAWAĆ Z CHRUPIĄCĄ SAŁATKĄ, NA PRZYKŁAD CHRUPIĄCĄ SAŁATKĄ Z BROKUŁÓW (PATRZRECEPTA) LUB SAŁATKA Z SIEKANEJ BRUKSELKI (PATRZRECEPTA).

- 1 cała pierś z indyka z kością, 4 do 5 funtów
- 3 łyżki przypraw wędzonych (patrzrecepta)
- 2 łyżki świeżego soku z cytryny
- 3 łyżki oliwy z oliwek
- 1 szklanka wytrawnego białego wina, np. Sauvignon Blanc
- 1 szklanka niesłodzonych, świeżych lub mrożonych wiśni Bing, wypestkowanych i posiekanych
- ⅓ szklanki wody
- 1 szklanka sosu barbecue (patrzrecepta)

1. Odstaw pierś z indyka na 30 minut w temperaturze pokojowej. Rozgrzej piekarnik do 325°F. Pierś z indyka ułożyć skórą do góry na ruszcie w brytfance.

2. W małej misce wymieszaj wędzone przyprawy, sok z cytryny i oliwę z oliwek na pastę. Usuń skórę z mięsa; Ostrożnie rozsmaruj połowę ciasta na mięsie pod skórą. Resztę równomiernie rozprowadź na skórze. Wlać wino na dno piekarnika.

3. Piecz przez 1¼ do 1½ godziny lub do momentu, aż skórka stanie się złocistobrązowa, a termometr umieszczony w

środku pieczeni (bez dotykania kości) wskaże temperaturę 170°F, obracając patelnię w połowie pieczenia. Przed pokrojeniem odczekaj 15 do 30 minut.

4. W międzyczasie w średnim rondlu przygotuj wiśniowy sos barbecue, połącz wiśnie z wodą. Doprowadzić do wrzenia; zmniejszyć gorączkę Dusić bez przykrycia przez 5 minut. Wymieszaj sos BBQ; gotować na małym ogniu przez 5 minut. Podawać na ciepło lub w temperaturze pokojowej z indykiem.

CHLEB WINNY ZE SCHABU Z INDYKA

PRACA DOMOWA: 30 minut Czas gotowania: 35 minut Wydajność: 4 porcje

USMAŻ INDYKA NA PATELNI W MIESZANCE WINA, POSIEKANYCH POMIDORÓW RZYMSKICH, BULIONU Z KURCZAKA, ŚWIEŻYCH ZIÓŁ I POKRUSZONEJ CZERWONEJ PAPRYKI NADAJE MU WSPANIAŁY SMAK. PODAWAJ TO DANIE PRZYPOMINAJĄCE GULASZ W PŁYTKICH MISKACH Z DUŻYMI ŁYŻKAMI, ABY Z KAŻDYM KĘSEM WYDOBYĆ ODROBINĘ AROMATYCZNEGO BULIONU.

- 2 piersi z indyka o masie od 8 do 12 uncji, pokrojone na 1-calowe kawałki
- 2 łyżki bez soli do przyprawienia drobiu
- 2 łyżki oliwy z oliwek
- 6 ząbków czosnku, posiekanych (1 łyżka)
- 1 szklanka posiekanej cebuli
- ½ szklanki posiekanego selera
- 6 pomidorów roma, wypestkowanych i posiekanych (około 3 filiżanek)
- ½ szklanki wytrawnego białego wina, np. Sauvignon Blanc
- ½ szklanki bulionu z kości kurczaka (patrz recepta) lub niesolony bulion z kurczaka
- ½ łyżeczki drobno posiekanego świeżego rozmarynu
- ¼ do ½ łyżeczki posiekanej czerwonej papryki
- ½ szklanki posiekanych świeżych liści bazylii
- ½ szklanki posiekanej świeżej pietruszki

1. W dużej misce wymieszaj kawałki indyka z przyprawą do drobiu. Rozgrzej 1 łyżkę oliwy z oliwek na średnim ogniu na bardzo dużej patelni z powłoką nieprzywierającą.

Smażyć indyka partiami na gorącym oleju na złoty kolor ze wszystkich stron. (Indyk nie musi być całkowicie ugotowany.) Przełożyć na talerz i trzymać w cieple.

2. Na patelnię dodaj pozostałą 1 łyżkę oliwy z oliwek. Zwiększ ogień do średniego poziomu. Dodaj czosnek; gotować i mieszać przez 1 minutę. Dodaj cebulę i seler; gotować i mieszać przez 5 minut. Dodać sok i tłuszcz z indyka, pomidory, wino, bulion z kości kurczaka, rozmaryn i pokruszoną czerwoną paprykę. Zmniejsz temperaturę do średnio-niskiej. Przykryj i gotuj przez 20 minut, od czasu do czasu mieszając. Dodaj bazylię i pietruszkę. Odkryj i gotuj przez kolejne 5 minut lub do momentu, aż indyk przestanie być różowy.

SMAŻONA PIERŚ Z INDYKA Z SOSEM SZCZYPIORKOWYM I KREWETKAMI

PRACA DOMOWA:30 minut Czas gotowania: 15 minut Wydajność: 4 porcjeFIGA

PIERŚ Z INDYKA PRZEKRÓJ NA PÓŁPOZIOMO TAK RÓWNOMIERNIE, JAK TO MOŻLIWE, LEKKO DOCIŚNIJ KAŻDY KAWAŁEK DŁONIĄ, RÓWNOMIERNIE DOCISKAJĄC PODCZAS PRZECINANIA MIĘSA.

- ¼ szklanki oliwy z oliwek
- 2 piersi z indyka o masie od 8 do 12 uncji, przecięte na pół poziomo
- ¼ łyżeczki świeżo zmielonego czarnego pieprzu
- 3 łyżki oliwy z oliwek
- 4 ząbki czosnku, posiekane
- 8 uncji średnich krewetek, obranych i oczyszczonych, z usuniętymi ogonami i przekrojonymi wzdłuż na pół
- ¼ szklanki wytrawnego białego wina, bulionu z kości kurczaka (patrzrecepta) lub niesolony bulion z kurczaka
- 2 łyżki świeżego szczypiorku pokrojonego w paski
- ½ łyżeczki drobno startej skórki z cytryny
- 1 łyżka świeżego soku z cytryny
- Makaron dyniowo-pomidorowy (patrzrecepta, poniżej) (opcjonalnie)

1. Na dużej patelni rozgrzej 1 łyżkę oliwy z oliwek na średnim ogniu. Dodaj indyka na patelnię; posypać pieprzem. Zmniejsz ogień do średniego. Piecz 12 do 15 minut lub do momentu, aż przestanie być różowe i soki będą klarowne (165°F), obracając raz w połowie gotowania. Zdejmij filet

z indyka z patelni. Przykryj folią aluminiową, aby utrzymać ciepło.

2. Na tę samą patelnię rozgrzej na średnim ogniu 3 łyżki oleju, aby przygotować sos. Dodaj czosnek; gotować przez 30 sekund. Dodaj krewetki; gotować i mieszać przez 1 minutę. Dodać wino, szczypiorek i skórkę z cytryny; Gotuj i mieszaj jeszcze 1 minutę lub do momentu, aż krewetki staną się nieprzezroczyste. Zdjąć z ognia; dodać sok z cytryny. Przed podaniem polej sosem filety z indyka. Jeśli chcesz, podawaj z makaronem dyniowym i pomidorami.

Makaron z dynią pomidorową: Za pomocą mandoliny lub obieraczki do julienne pokrój 2 żółte dynie julienne w paski. Na dużej patelni rozgrzej 1 łyżkę oliwy z oliwek z pierwszego tłoczenia na średnim ogniu. Dodaj paski dyni; gotować przez 2 minuty. Dodaj 1 szklankę pokrojonych w ćwiartki pomidorów winogronowych i ¼ łyżeczki świeżo zmielonego czarnego pieprzu; gotuj przez kolejne 2 minuty lub do momentu, aż dynia będzie chrupiąca.

PIECZONY INDYK Z WARZYWAMI KORZENIOWYMI

PRACA DOMOWA: 30 minut Czas gotowania: 1 godzina 45 minut
Wydajność: 4 porcje

TO JEDNO Z TAKICH DAŃ. CHCESZ UMILIĆ SOBIE CHŁODNE JESIENNE POPOŁUDNIE, KIEDY MASZ CZAS NA SPACER, PODCZAS GDY W PIEKARNIKU BULGOCZE. JEŚLI ĆWICZENIA NIE ZAOSTRZĄ TWOJEGO APETYTU, Z PEWNOŚCIĄ ZAOSTRZY GO WSPANIAŁY AROMAT PO WEJŚCIU DO DOMU.

3 łyżki oliwy z oliwek

4 udka z indyka, od 20 do 24 uncji

½ łyżeczki świeżo zmielonego czarnego pieprzu

6 ząbków czosnku, obranych i posiekanych

1 ½ łyżeczki nasion kopru włoskiego, zmiażdżonych

1 łyżeczka całego zioła, posiekanego*

1 ½ szklanki bulionu z kości kurczaka (patrz recepta) lub niesolony bulion z kurczaka

2 gałązki świeżego rozmarynu

2 gałązki świeżego tymianku

1 liść laurowy

2 duże cebule, obrane i pokrojone na 8 krążków każda

6 dużych marchewek, obranych i pokrojonych w 1-calowe plasterki

2 duże buraki, obrane i pokrojone w 1-calową kostkę

2 średnie pasternak, obrany i pokrojony w 1-calowe plasterki**

1 korzeń selera, obrany i pokrojony na 1-calowe kawałki

1. Rozgrzej piekarnik do 150° F. Na dużej patelni rozgrzej oliwę z oliwek na średnim ogniu, aż zacznie lśnić. Dodaj 2

nogi indyka. Piec około 8 minut lub do momentu, aż nogi będą złociste i chrupiące ze wszystkich stron i ponownie równomiernie się zarumienią. Przenieś udka indyka na talerz; powtórz z pozostałymi 2 nogami indyka. Na bok.

2. Na patelnię dodać pieprz, czosnek, nasiona kopru włoskiego i zioła. Gotuj i mieszaj na średnim ogniu przez 1 do 2 minut lub do momentu, aż zacznie pachnieć. Dodać bulion z kości kurczaka, rozmaryn, tymianek i liście laurowe. Doprowadzić do wrzenia, mieszając, aby zeskrobać brązowe kawałki z dna patelni. Zdejmij patelnię z ognia i odłóż na bok.

3. W dużym holenderskim piekarniku z ściśle przylegającą pokrywką połącz cebulę, marchewkę, rzepę, pasternak i korzeń selera. Dodaj płyn do patelni; pociągnąć do noszenia Wciśnij nogi indyka w mieszankę warzywną. Zamykana pokrywką.

4. Piec przez około 1 godzinę i 45 minut lub do momentu, aż warzywa będą miękkie, a indyk ugotowany. Podawaj indyka i warzywa w dużych, płytkich misach. Na wierzch wlać sok z patelni.

*Wskazówka: Aby zmiażdżyć nasiona ziela angielskiego i kopru włoskiego, umieść je na desce do krojenia. Używając gładkiej strony noża szefa kuchni, dociśnij, aby lekko zmiażdżyć nasiona.

**Wskazówka: Pokrój duże kawałki z wierzchołków pasternaku.

ZIOŁOWY KOTLET MIELONY Z INDYKA Z SOSEM Z KARMELIZOWANEJ CEBULI I ŁÓDECZKAMI Z PIECZONEJ KAPUSTY

PRACA DOMOWA: Gotowanie 15 minut: pieczenie 30 minut: 1 godzina 10 minut odpoczynek: 5 minut Wydajność: 4 porcje

KLASYCZNY KLOPS Z KETCHUPEM W MENU PALEO PRZY KETCHUPIE (PATRZ RECEPTA) NIE ZAWIERA DODATKU SOLI I CUKRU. TUTAJ SOS POMIDOROWY MIESZA SIĘ Z KARMELIZOWANĄ CEBULĄ, KTÓRĄ PRZED PIECZENIEM UKŁADA SIĘ NA WIERZCHU KLOPSA.

- 1 ½ funta mielonego indyka
- 2 jajka, lekko ubite
- ½ szklanki mąki migdałowej
- ⅓ szklanki posiekanej świeżej pietruszki
- ¼ szklanki cienko pokrojonej czerwonej cebuli (2)
- 1 łyżka startej świeżej szałwii lub 1 łyżeczka pokruszonej suszonej szałwii
- 1 łyżka startego świeżego tymianku lub 1 łyżeczka suszonego tymianku, pokruszonego
- ¼ łyżeczki czarnego pieprzu
- 2 łyżki oliwy z oliwek
- 2 słodkie cebule, przekrojone na pół i pokrojone w cienkie plasterki
- 1 szklanka ketchupu Paleo (patrz recepta)
- 1 mała główka kapusty przekrojona na pół, obrana i pokrojona na 8 ćwiartek
- ½ do 1 łyżeczki posiekanej czerwonej papryki

1. Rozgrzej piekarnik do 350° F. Wyłóż dużą blachę do pieczenia papierem pergaminowym; na bok. W dużej misce wymieszaj mielonego indyka, jajko, mączkę migdałową, pietruszkę, szczypiorek, szałwię, tymianek i czarny pieprz. Na przygotowanej blasze do pieczenia uformuj mieszankę z indyka na patelni o wymiarach 8 × 4 cali. Piec przez 30 minut.

2. W międzyczasie przygotuj karmelizowany sos pomidorowy, na dużej patelni rozgrzej 1 łyżkę oliwy z oliwek na średnim ogniu. Dodaj cebulę; smaż przez około 5 minut lub do momentu, aż cebula zacznie się rumienić, często mieszając. Zmniejsz temperaturę do średnio-niskiej; gotować przez około 25 minut lub do momentu, aż będzie złociste i bardzo miękkie, od czasu do czasu mieszając. Zdjąć z ognia; dodaj ketchup paleo.

3. Skrop bułkę z indykiem odrobiną karmelizowanego sosu pomidorowego. Ułóż plasterki kapusty wokół chleba. Kapustę wymieszać z pozostałą łyżką oliwy z oliwek; posypać posiekaną czerwoną papryką. Piec przez około 40 minut lub do momentu, gdy termometr włożony na środek patyczka wskaże temperaturę 165°F, polać karmelizowanym sosem cebulowo-pomidorowym i po 20 minutach obrócić plasterki kapusty. Przed pokrojeniem pasztecika z indyka odczekaj 5–10 minut.

4. Podawaj pasztet z indyka z pozostałymi plasterkami kapusty i karmelizowanym sosem pomidorowym.

TURCJA POSOLE

PRACA DOMOWA: 20 minut pieczenia: 8 minut gotowania: 16 minut na: 4 porcje

SKŁADNIKI TEJ GORĄCEJ ZUPY W STYLU MEKSYKAŃSKIM SĄ CZYMŚ WIĘCEJ NIŻ TYLKO OZDOBĄ. KOLENDRA DODAJE WYRAZISTEGO SMAKU, AWOKADO DODAJE KREMOWOŚCI, A PRAŻONE NUGGETSY ZAPEWNIAJĄ PYSZNĄ CHRUPKOŚĆ.

- 8 świeżych pomidorów
- 1¼ do 1½ funta mielonego indyka
- 1 czerwona papryka, pozbawiona nasion i pokrojona w cienkie plasterki
- ½ szklanki posiekanej cebuli (1 średnia)
- 6 ząbków czosnku, posiekanych (1 łyżka)
- 1 łyżka przyprawy meksykańskiej (patrz recepta)
- 2 szklanki bulionu z kości kurczaka (patrz recepta) lub niesolony bulion z kurczaka
- 1 14,5-uncjowa puszka pieczonych pomidorów bez dodatku soli, bez odsączenia
- 1 papryczka jalapeño lub serrano, pozbawiona nasion i posiekana (patrz chudy)
- 1 średnie awokado, przekrojone na pół, obrane, pozbawione pestek i pokrojone w cienkie plasterki
- ¼ szklanki niesolonej pity, opiekanej (patrz chudy)
- ¼ szklanki świeżej kolendry, posiekanej
- Plastry cytryny

1. Rozgrzej grill. Obierz pomidory i wyrzuć. Umyj pomidory i przekrój je na pół. Połóż połówki pomidorów na nieogrzewanym ruszcie na patelni. Grilluj 4 do 5 cali od ognia przez 8 do 10 minut lub do momentu lekkiego

zwęglenia, obracając raz w połowie. Lekko ostudzić na patelni na metalowej kratce.

2. W międzyczasie na dużej patelni smaż indyka, paprykę i cebulę na średnim ogniu przez 5 do 10 minut lub do momentu, aż indyk będzie złotobrązowy, a warzywa miękkie, mieszając drewnianą łyżką, aby rozbić mięso jak się gotuje. . W razie potrzeby odcedź tłuszcz. Dodać czosnek i przyprawę meksykańską. Gotuj i mieszaj jeszcze przez 1 minutę.

3. Zmieszaj około dwóch trzecich zwęglonych pomidorów w blenderze i 1 szklankę bulionu z kości kurczaka. Przykryj i wymieszaj, aż będzie gładkie. Dodaj do mieszanki z indykiem na patelni. Dodaj 1 szklankę bulionu z kości kurczaka, nieodsączone pomidory i chili. Grubo posiekaj pozostałe pomidory; dodać do mieszanki z indykiem. Doprowadzić do wrzenia; zmniejszyć gorączkę Przykryj i gotuj na małym ogniu przez 10 minut.

4. Przed podaniem rozlej zupę do płytkich misek. Na wierzch połóż awokado, pepitę i kolendrę. Połóż ćwiartki limonki, aby wycisnąć je z zupy.

ROSÓŁ Z KOŚCI KURCZAKA

PRACA DOMOWA: 15 minut Pieczenie: 30 minut Pieczenie: 4 godziny Chłodzenie: noc Na porcję: około 10 filiżanek

ABY UZYSKAĆ NAJLEPSZY SMAK, NAJŚWIEŻSZY I NAJWYŻSZY ZAWARTOŚĆ SKŁADNIKÓW ODŻYWCZYCH: UŻYWAJ DOMOWEGO BULIONU Z KURCZAKA W SWOICH PRZEPISACH. (NIE ZAWIERA RÓWNIEŻ SOLI, KONSERWANTÓW ANI DODATKÓW). PIECZENIE KOŚCI PRZED GOTOWANIEM POPRAWIA SMAK. PO WOLNYM GOTOWANIU W PŁYNIE KOŚCI NAPEŁNIAJĄ BULION MINERAŁAMI, TAKIMI JAK WAPŃ, FOSFOR, MAGNEZ I POTAS. PONIŻSZA WERSJA POWOLNEJ KUCHENKI SPRAWIA, ŻE JEST TO SZCZEGÓLNIE ŁATWE DO WYKONANIA. ZAMRAŻAJ W POJEMNIKACH O POJEMNOŚCI 2 I 4 SZKLANEK, ROZMRAŻAJĄC TYLKO TYLE, ILE POTRZEBUJESZ.

2 funty skrzydełek i polędwiczek z kurczaka

4 marchewki, posiekane

2 duże pory, tylko białe i jasnozielone części, pokrojone w cienkie plasterki

2 łodygi selera z liśćmi, pokrojone na kawałki

1 pasternak, grubo posiekany

6 dużych gałązek pietruszki włoskiej (płaskolistnej).

6 gałązek świeżego tymianku

4 ząbki czosnku przekrojone na pół

2 łyżeczki całego czarnego pieprzu

2 całe klucze

Zimna woda

1. Rozgrzej piekarnik do 200°C. Połóż skrzydełka kurczaka i stek na dużej blasze do pieczenia; Grilluj przez 30 do 35 minut lub do momentu uzyskania złotego koloru.

2. Przenieś przyrumienione kawałki kurczaka i przyrumienione kawałki, które zgromadziły się na blasze do pieczenia, do dużego garnka. Dodać marchew, por, seler, pasternak, pietruszkę, tymianek, czosnek, ziarna pieprzu i goździki. Do dużego garnka dodaj tyle zimnej wody (około 12 filiżanek), aby przykryła kurczaka i warzywa. Doprowadzić do wrzenia na średnim ogniu; Dostosuj ogień tak, aby bulion gotował się bardzo powoli, a bąbelki tylko wybijały się na powierzchnię. Przykryj i gotuj na małym ogniu przez 4 godziny.

3. Gorący bulion przecedź przez duże sitko wyłożone dwiema warstwami mokrej gazy 100% bawełnianej. Wyrzucić ciała stałe. Przykryj bulion i pozostaw do ostygnięcia na noc. Przed użyciem usuń warstwę tłuszczu z wierzchu bulionu i wyrzuć.

Wskazówka: Aby rozrzedzić bulion (opcjonalnie), w małej misce połącz 1 białko jajka, 1 pokruszoną skorupkę jajka i ¼ szklanki zimnej wody. Do powstałej mieszaniny dodać bulion przecedzony w garnku. Zagotuj ponownie. Zdjąć z ognia; daj odpocząć 5 minut. Gorący bulion przecedź przez sitko wyłożone świeżą podwójną warstwą gazy 100% bawełnianej. Przed użyciem ostudzić i usunąć tłuszcz.

Instrukcje dotyczące powolnej kuchenki: Przygotuj zgodnie z zaleceniami, z wyjątkiem kroku 2. Umieść składniki w powolnej kuchence o pojemności od 5 do 6 litrów.

Przykryj i gotuj na małym ogniu przez 12 do 14 godzin. Kontynuuj jak w kroku 3. Na około 10 filiżanek.

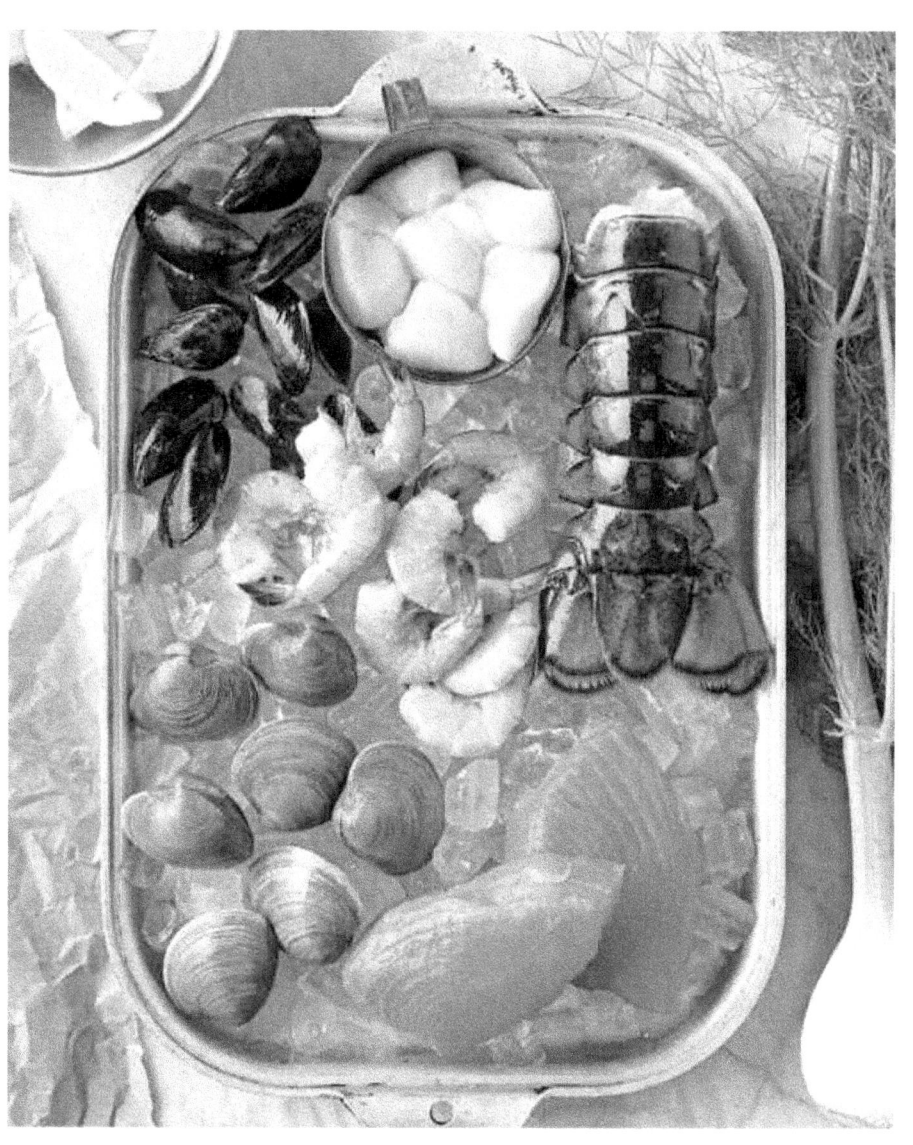

ZIELONY ŁOSOŚ HARISSA

PRACA DOMOWA:Piec 25 minut: 10 minut Grill: 8 minut
Wydajność: 4 porcje<u>FIGA</u>

UŻYWA SIĘ ZWYKŁEJ OBIERACZKI DO WARZYW.DO KROJENIA ŚWIEŻYCH, SUROWYCH SZPARAGÓW W CIENKIE PASKI DO SAŁATKI. POLANE JASNYM CYTRUSOWYM WINEGRETEM (PATRZ<u>RECEPTA</u>) I POSYPANE PRAŻONYMI, WĘDZONYMI NASIONAMI SŁONECZNIKA, STANOWI ORZEŹWIAJĄCY DODATEK DO ŁOSOSIA I PIKANTNEGO SOSU Z ZIELONYCH ZIÓŁ.

ŁOSOŚ
- 4 filety z łososia bez skóry, świeże lub mrożone, od 6 do 8 uncji, o grubości około 1 cala
- Oliwa z oliwek

HARISSA
- 1 ½ łyżeczki nasion kminku
- 1 ½ łyżeczki nasion kolendry
- 1 szklanka ciasno upakowanych świeżych liści pietruszki
- 1 szklanka grubo posiekanej świeżej kolendry (liście i łodygi)
- 2 papryczki jalapeño, pozbawione nasion i pokrojone na kawałki (patrz<u>chudy</u>)
- 1 cebula dymka, posiekana
- 2 ząbki czosnku
- 1 łyżeczka drobno startej skórki z cytryny
- 2 łyżki świeżego soku z cytryny
- ⅓ szklanki oliwy z oliwek

PRZYPRAWIONE NASIONA SŁONECZNIKA
- ⅓ szklanki surowych nasion słonecznika

1 łyżeczka oliwy z oliwek

1 łyżeczka przypraw wędzonych (patrz<u>recepta</u>)

SAŁATKA

12 dużych szparagów, przyciętych (około 1 funta)

⅓ szklanki jasnego cytrusowego winegretu (patrz<u>recepta</u>)

1. Rozmroź rybę, jeśli jest zamrożona; osuszyć ręcznikiem papierowym. Lekko posmaruj obie strony ryby oliwą z oliwek. Na bok.

2. W przypadku harissy na małej patelni praż nasiona kminku i kolendry na średnio-małym ogniu przez 3 do 4 minut lub do momentu, aż będą lekko przypieczone i pachnące. W robocie kuchennym połącz prażone nasiona kminku i kolendry, pietruszkę, kolendrę, papryczki jalapeno, szalotki, czosnek, skórkę z cytryny, sok z cytryny i oliwę z oliwek. Przetwarzaj, aż będzie gładka. Na bok.

3. Aby przygotować sezonowane nasiona słonecznika, rozgrzej piekarnik do 300° F. Wyłóż blachę do pieczenia papierem pergaminowym; na bok. W małej misce wymieszaj nasiona słonecznika i 1 łyżeczkę oliwy z oliwek. Posyp nasiona gotowanymi na parze przyprawami; pociągnąć do noszenia Na pergaminie równomiernie rozłóż nasiona słonecznika. Piec przez około 10 minut lub do momentu lekkiego zarumienienia.

4. W przypadku grilla węglowego lub gazowego połóż łososia na natłuszczonym grillu bezpośrednio na średnim ogniu. Przykryj i grilluj przez 8 do 12 minut lub do momentu, aż ryba zacznie się łuszczyć, sprawdzając widelcem, obracając raz w połowie grillowania.

5. W międzyczasie do sałatki za pomocą obieraczki do warzyw pokrój szparagi w długie, cienkie paski. Przełożyć do średniej miski lub talerza. (Końcówki pękną, gdy łodygi będą cienkie, należy je dodać do talerza lub miski.) Ogolone łodygi skrop jasnym cytrusowym winegretem. Posypać posiekanymi pestkami słonecznika.

6. Przed podaniem połóż stek na każdym z czterech talerzy; po łyżce zielonej harissy na filet. Podawać z sałatką z posiekanych szparagów.

GRILLOWANY ŁOSOŚ Z SAŁATKĄ Z MARYNOWANYCH KARCZOCHÓW

PRACA DOMOWA:Grill 20 minut: 12 minut Wydajność: 4 porcje

CZĘSTO NAJLEPSZE NARZĘDZIA DO PRZYGOTOWYWANIA SAŁATEKTO TWOJE RĘCE NAJLEPIEJ RÓWNOMIERNIE WŁĄCZYĆ GRILLOWANE WARZYWA I KARCZOCHY DO TEJ SAŁATKI CZYSTYMI RĘKAMI.

- 4 6-uncjowe filety z łososia, świeże lub mrożone
- 1 9-uncjowe opakowanie mrożonych serc karczochów, rozmrożone i odsączone
- 5 łyżek oliwy z oliwek
- 2 łyżki posiekanej szalotki
- 1 łyżka drobno startej skórki z cytryny
- ¼ szklanki świeżego soku z cytryny
- 3 łyżki świeżego oregano pokrojonego w paski
- ½ łyżeczki świeżo zmielonego czarnego pieprzu
- 1 łyżka przypraw śródziemnomorskich (patrzrecepta)
- 1 5-uncjowe opakowanie mieszanki sałatek dla dzieci

1. Rozmroź rybę, jeśli jest zamrożona. Opłucz rybę; osuszyć ręcznikiem papierowym. Odłóż rybę na bok.

2. W średniej misce wymieszaj karczochy z 2 łyżkami oliwy z oliwek; na bok. W dużej misce połącz 2 łyżki oliwy z oliwek, szalotkę, skórkę z cytryny, sok z cytryny i oregano; na bok.

3. W przypadku grilla węglowego lub gazowego umieść serca karczochów w koszu grillowym i gotuj bezpośrednio na średnim ogniu. Przykryj i grilluj przez 6 do 8 minut lub do

momentu, aż dobrze się zwęgli i rozgrzeje, często mieszając. Zdejmij karczochy z grilla. Pozostawić do ostygnięcia na 5 minut, następnie dodać karczochy do mieszanki szalotki. Doprawić pieprzem; pociągnąć do noszenia Na bok.

4. Posmaruj łososia pozostałą łyżką oliwy z oliwek; posypać przyprawą śródziemnomorską. Połóż łososia na grillu, przyprawioną stroną do dołu, bezpośrednio na średnim ogniu. Przykryj i grilluj przez 6 do 8 minut lub do momentu, aż ryba zacznie się łuszczyć, sprawdzając widelcem, delikatnie obracając w połowie grillowania.

5. Do miski z marynowanymi karczochami dodaj sałatkę; delikatnie wrzucić do pokrycia. Sałatkę podawaj z grillowanym łososiem.

NATYCHMIASTOWY PIECZONY ŁOSOŚ CHILI Z SZAŁWIĄ I SOSEM Z ZIELONYCH POMIDORÓW

PRACA DOMOWA: 35 minut na zimno: 2 do 4 godzin pieczenie: 10 minut Wydajność: 4 porcje

„PRAŻENIE BŁYSKAWICZNE" ODNOSI SIĘ DO TEJ TECHNIKIABY PODGRZAĆ SUCHĄ PATELNIĘ W PIEKARNIKU NA WYSOKĄ TEMPERATURĘ, DODAĆ ODROBINĘ OLEJU I RYBĘ, KURCZAKA LUB MIĘSO (ROBI SIĘ CHIP!), A NASTĘPNIE DOPIEC POTRAWĘ W PIEKARNIKU. SMAŻENIE SKRACA CZAS GOTOWANIA I TWORZY CUDOWNIE CHRUPIĄCĄ SKÓRKĘ NA ZEWNĄTRZ ORAZ SOCZYSTE, AROMATYCZNE WNĘTRZE.

ŁOSOŚ
- 4 świeże lub mrożone filety z łososia, od 5 do 6 uncji
- 3 łyżki oliwy z oliwek
- ¼ szklanki drobno posiekanej cebuli
- 2 ząbki czosnku, obrane i pokrojone w plasterki
- 1 łyżka mielonej kolendry
- 1 łyżeczka mielonego kminku
- 2 łyżeczki słodkiej czerwonej papryki
- 1 łyżeczka suszonego oregano, rozgniecionego
- ¼ łyżeczki pieprzu cayenne
- ⅓ szklanki świeżego soku z limonki
- 1 łyżka świeżej szałwii pokrojonej w paski

ZIELONY KETCHUP
- 1 ½ szklanki pokrojonych w kostkę twardych zielonych pomidorów
- ⅓ szklanki drobno posiekanej czerwonej cebuli

2 łyżki świeżej kolendry pokrojonej w paski
1 jalapeño, pozbawione nasion i posiekane (patrz chudy)
1 ząbek posiekanego czosnku
½ łyżeczki mielonego kminku
¼ łyżeczki chili w proszku
2 lub 3 łyżki świeżego soku z cytryny

1. Rozmroź rybę, jeśli jest zamrożona. Opłucz rybę; osuszyć ręcznikiem papierowym. Odłóż rybę na bok.

2. Aby przygotować puree z chili i szałwii, w małym rondlu wymieszaj 1 łyżkę oliwy z oliwek, cebulę i czosnek. Gotuj na wolnym ogniu przez 1 do 2 minut lub do momentu, aż zacznie pachnieć. Dodaj kolendrę i kminek; gotować i mieszać przez 1 minutę. Dodaj paprykę, oregano i cayenne; gotować i mieszać przez 1 minutę. Dodaj sok z cytryny i szałwię; gotować i mieszać przez około 3 minuty lub do momentu uzyskania jednorodnej masy; zimno

3. Palcami posmaruj obie strony steków pastą z szałwii chili. Włóż rybę do szklanki lub talerza, który nie reaguje; dobrze przykryj plastikową folią. Przechowywać w lodówce przez 2 do 4 godzin.

4. W międzyczasie przygotuj sos, w średniej misce połącz pomidory, cebulę, kolendrę, paryczki jalapeño, czosnek, kminek i sproszkowane chili. Dobrze wymieszaj, aby połączyć. Skropić sokiem z cytryny; pociągnąć do noszenia

4. Za pomocą gumowej szpatułki zeskrob jak najwięcej ciasta z łososia. Wyrzucić masę.

5. Włóż bardzo dużą żeliwną patelnię do piekarnika. Rozgrzej piekarnik do 500° F. Rozgrzej piekarnik za pomocą patelni.

6. Wyjmij gorącą patelnię z piekarnika. Na patelnię wlać 1 łyżkę oliwy z oliwek. Przechyl patelnię, aby jej dno pokryło się olejem. Ułóż steki na patelni skórą do dołu. Posmaruj wierzch steków pozostałą łyżką oliwy z oliwek.

7. Grilluj łososia przez około 10 minut lub do momentu, aż ryba zacznie się łuszczyć, sprawdzając widelcem. Podawaj rybę z sosem.

PIECZONY ŁOSOŚ I SZPARAGI W PAPILLOTE Z PESTO CYTRYNOWYM I ORZECHAMI LASKOWYMI

PRACA DOMOWA: 20 minut pieczenie: 17 minut Wydajność: 4 porcje

GOTOWANIE „EN PAPILLOTE" OZNACZA PO PROSTU GOTOWANIE NA PAPIERZE. TO PIĘKNY SPOSÓB GOTOWANIA Z WIELU POWODÓW. RYBY I WARZYWA GOTUJE SIĘ NA PARZE W ALUMINIOWYM OPAKOWANIU, ZACHOWUJĄC SOKI, SMAKI I SKŁADNIKI ODŻYWCZE, BEZ KONIECZNOŚCI MYCIA GARNKÓW I PATELNI.

4 6-uncjowe filety z łososia, świeże lub mrożone
1 szklanka lekko sprasowanych świeżych liści bazylii
1 szklanka lekko zapakowanych świeżych liści pietruszki
½ szklanki prażonych orzechów laskowych*
5 łyżek oliwy z oliwek
1 łyżeczka drobno startej skórki z cytryny
2 łyżki świeżego soku z cytryny
1 ząbek posiekanego czosnku
1 funt cienkich szparagów, posiekanych
4 łyżki wytrawnego białego wina

1. Rozmroź łososia, jeśli jest zamrożony. Opłucz rybę; osuszyć ręcznikiem papierowym. Rozgrzej piekarnik do 400°F.

2. Na pesto zmieszaj bazylię, pietruszkę, orzechy laskowe, oliwę z oliwek, skórkę z cytryny, sok z cytryny i czosnek w blenderze lub robocie kuchennym. Przykryj i zmiksuj lub przetwarzaj, aż będzie gładka; na bok.

3. Wytnij cztery 12-calowe kwadraty z pergaminu. Na każdą paczkę połóż jeden filet z łososia na środku kwadratu pergaminu. Dodaj jedną czwartą szparagów i 2 lub 3 łyżki pesto; skrop 1 łyżką wina. Weź dwie przeciwne strony pergaminu i złóż je kilka razy nad rybą. Złóż końce pergaminu, aby je uszczelnić. Powtórz tę czynność, aby przygotować jeszcze trzy paczki.

4. Grilluj 17 do 19 minut lub do momentu, aż ryba zacznie się rozpadać, sprawdzając widelcem (ostrożnie otwórz opakowanie, aby sprawdzić, czy jest gotowe).

*Wskazówka: Aby opiekać orzechy laskowe, rozgrzej piekarnik do 150°F. Rozłóż orzechy w jednej warstwie w płytkim naczyniu do pieczenia. Piec 8 do 10 minut lub do momentu lekkiego zarumienienia, obracając raz, aby równomiernie się zarumieniło. Lekko ostudzić orzechy. Połóż ciepłe orzechy na czystej ściereczce; pocierać ręcznikiem, aby usunąć luźną skórę.

PRZYPRAWIONY ŁOSOŚ Z GRZYBAMI I SOSEM JABŁKOWYM

ZACZNIJ KOŃCZYĆ: Wydajność 40 minut: 4 porcje

CAŁY TEN FILET Z ŁOSOSIA ZWIEŃCZONA MIESZANKĄ SMAŻONYCH GRZYBÓW, SZALOTKI, PLASTERKAMI CZERWONEGO JABŁKA I PODANA NA JASNOZIELONYM SZPINAKU, TO ELEGANCKIE DANIE DO PODANIA GOŚCIOM.

- 1 1½ funta świeżego lub mrożonego całego filetu z łososia ze skórą
- 1 łyżka nasion kopru włoskiego, drobno zmielonych*
- ½ łyżeczki suszonej szałwii, pokruszonej
- ½ łyżeczki mielonej kolendry
- ¼ łyżeczki suchej musztardy
- ¼ łyżeczki czarnego pieprzu
- 2 łyżki oliwy z oliwek
- 1 ½ szklanki świeżych grzybów cremini, pokrojonych w ćwiartki
- 1 średnia szalotka, pokrojona w bardzo cienkie plasterki
- 1 małe jabłko do gotowania, pokrojone na ćwiartki, obrane i pokrojone w cienkie plasterki
- ¼ szklanki wytrawnego białego wina
- 4 szklanki świeżego szpinaku
- Małe gałązki świeżej szałwii (opcjonalnie)

1. Rozmroź łososia, jeśli jest zamrożony. Rozgrzej piekarnik do 425° F. Wyłóż dużą blachę do pieczenia papierem pergaminowym; na bok. Opłucz rybę; osuszyć ręcznikiem papierowym. Łososia ułożyć na przygotowanej blasze skórą do dołu. W małej misce wymieszaj nasiona kopru włoskiego, ½ łyżeczki suszonej szałwii, kolendrę,

musztardę i pieprz. Posypać równomiernie łososia; pocierać palcami

2. Zmierz grubość ryby. Grilluj łososia przez 4 do 6 minut, aż uzyska grubość 1/2 cala lub do momentu, gdy ryba zacznie się łuszczyć, sprawdzając widelcem.

3. W międzyczasie na dużą patelnię rozgrzej oliwę z oliwek na średnim ogniu. Dodaj grzyby i szalotkę; Gotuj 6 do 8 minut lub do momentu, aż grzyby będą miękkie i zaczną brązowieć, od czasu do czasu mieszając. Dodaj jabłka; przykryj i gotuj, mieszając, przez kolejne 4 minuty. Ostrożnie dodaj wino. Gotuj bez przykrycia przez 2 do 3 minut lub do momentu, aż plasterki jabłka będą miękkie. Za pomocą łyżki cedzakowej przenieś mieszaninę grzybów do średniej miski; przykryć, żeby było ciepło.

4. Na tej samej patelni smaż szpinak przez 1 minutę lub do momentu, aż szpinak będzie miękki, ciągle mieszając. Rozłóż szpinak na czterech talerzach. Filet z łososia pokroić na cztery równe części, przecinając je aż do skóry, ale nie przez nią. Za pomocą dużej szpatułki usuń kawałki łososia ze skóry; na każdym talerzu połóż porcję łososia na szpinaku. Wylać równomiernie mieszaninę grzybów na łososia. W razie potrzeby udekoruj świeżą szałwią.

*Wskazówka: W moździerzu i tłuczku drobno zmiażdż nasiona kopru włoskiego.

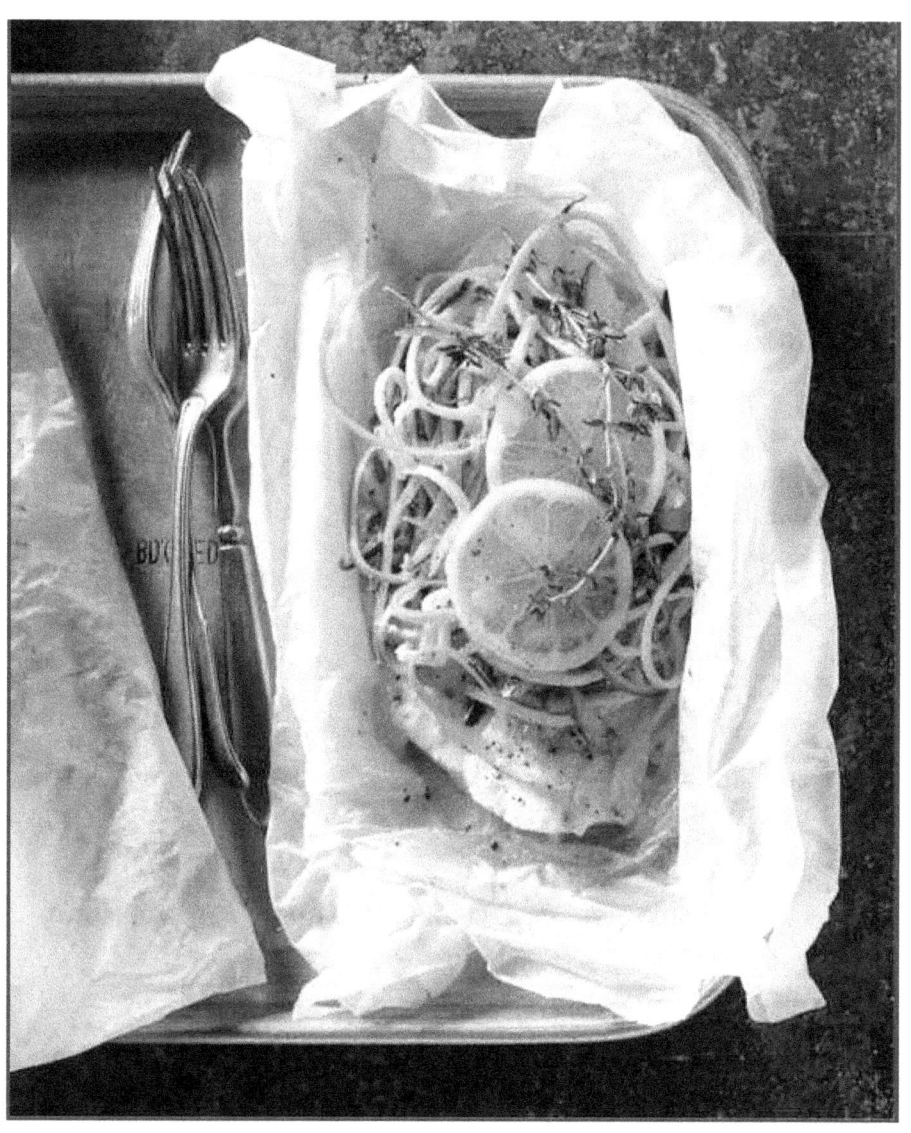

SOLET EN PAPILLOTE Z WARZYWAMI W JULIENNE

PRACA DOMOWA:Gotowane 30 minut: 12 minut Wydajność: 4 porcjeFIGA

JASNE, ŻE MOŻESZ POKROIĆ WARZYWA W JULIENNEDOBRYM, OSTRYM NOŻEM SZEFA KUCHNI, ALE ZAJMUJE TO DUŻO CZASU. OBIERACZKA JULIENNE (PATRZ"SPRZĘT") UMOŻLIWIA SZYBKIE TWORZENIE DŁUGICH, CIENKICH I RÓWNYCH PASKÓW WARZYW.

- 4 filety z halibuta świeżego lub mrożonego, gładkie lub inne jędrne filety z białej ryby
- 1 pokrojona w plasterki cukinia
- 1 duża marchewka, posiekana
- ½ czerwonej cebuli, posiekanej
- 2 pomidory rzymskie, pozbawione gniazd nasiennych i pokrojone w cienkie plasterki
- 2 ząbki posiekanego czosnku
- 1 łyżka oliwy z oliwek
- ½ łyżeczki czarnego pieprzu
- 1 cytryna, pokrojona na 8 cienkich plasterków, bez nasion
- 8 gałązek świeżego tymianku
- 4 łyżeczki oliwy z oliwek
- ¼ szklanki wytrawnego białego wina

1. Rozmroź rybę, jeśli jest zamrożona. Rozgrzej piekarnik do 100°C. W dużej misce połącz cukinię, marchewkę, cebulę, pomidora i czosnek. Dodać 1 łyżkę oliwy z oliwek i ¼ łyżeczki pieprzu; dobrze wymieszać do połączenia. Odłóż warzywa na bok.

2. Wytnij cztery 14-calowe kwadraty z pergaminu. Opłucz rybę; osuszyć ręcznikiem papierowym. Połóż filet na środku każdego kwadratu. Posypać ¼ łyżeczki pieprzu. Na filetach ułóż warzywa, ćwiartki cytryny i gałązki tymianku i równomiernie rozprowadź. Każdy stos posmaruj 1 łyżeczką oliwy z oliwek i 1 łyżką białego wina.

3. Pracując z jedną paczką na raz, weź dwie przeciwne strony pergaminu i złóż rybę kilka razy. Złóż końce pergaminu, aby je uszczelnić.

4. Umieść paczkę na dużej blasze do pieczenia. Piec około 12 minut lub do momentu, gdy ryba zacznie się rozpadać przy sprawdzaniu widelcem (ostrożnie otwórz opakowanie, aby sprawdzić, czy ryba jest gotowa).

5. Przed podaniem połóż każdą paczkę na talerzu; Ostrożnie otwieraj opakowania.

TACOS Z PESTO Z RUKOLI I KREMEM Z WĘDZONEJ LIMONKI

PRACA DOMOWA: Grill 30-minutowy: 4 do 6 minut na grubość ½ cala Wydajność: 6 porcji

PODESZWĘ MOŻNA ZASTĄPIĆ DORSZEM„NIE TYLKO TILAPIA. NIESTETY, TILAPIA TO JEDEN Z NAJGORSZYCH WYBORÓW DLA RYB. JEST HODOWANA NIEMAL POWSZECHNIE I CZĘSTO W STRASZNYCH WARUNKACH, WIĘC MIMO ŻE TILAPIĘ MOŻNA SPOTKAĆ NIEMAL WSZĘDZIE, NALEŻY JEJ UNIKAĆ.

- 4 świeże lub mrożone filety o wadze od 4 do 5 uncji i grubości około ½ cala
- 1 przepis na pesto z rukoli (patrz<u>recepta</u>)
- ½ szklanki kremu z nerkowców (patrz<u>recepta</u>)
- 1 łyżeczka przypraw wędzonych (patrz<u>recepta</u>)
- ½ łyżeczki drobno startej skórki z limonki
- 12 liści sałaty masłowej
- 1 dojrzałe awokado, przekrojone na pół, pozbawione pestek, obrane i pokrojone w cienkie plasterki
- 1 szklanka posiekanego pomidora
- ¼ szklanki świeżej kolendry, posiekanej
- 1 limonka, pokrojona w plasterki

1. Rozmroź rybę, jeśli jest zamrożona. Opłucz rybę; osuszyć ręcznikiem papierowym. Odłóż rybę na bok.

2. Nasmaruj rybę pesto z rukoli z obu stron.

3. W przypadku grilla węglowego lub gazowego umieść rybę na natłuszczonym ruszcie bezpośrednio na średnim ogniu. Przykryj i grilluj przez 4 do 6 minut lub do

momentu, aż ryba zacznie się łuszczyć, sprawdzając widelcem, obracając raz w połowie grilla.

4. W międzyczasie, aby przygotować krem z wędzonej limonki, wymieszaj w małej misce krem z nerkowców, wędzoną przyprawę i skórkę z limonki.

5. Rybę połamać widelcem na kawałki. Napełnij arkusze masła rybą, plasterkami awokado i pomidorami; posypać kolendrą. Skrop tacos kremem z wędzonej limonki. Podawać z kawałkami limonki, którymi można wycisnąć tacos.

GRILLOWANE PAKIETY DORSZA I CUKINII Z PIKANTNYM SOSEM MANGO I BAZYLIĄ

PRACA DOMOWA:20 minut na grillu: 6 minut Wydajność: 4 porcje

- 1 do 1 ½ funta świeżego lub mrożonego dorsza, o grubości od ½ do 1 cala
- 4 kawałki folii aluminiowej o długości 24 cali i szerokości 12 cali
- 1 średnia cukinia, pokrojona w plasterki
- Przyprawa ziołowa cytrynowa (zobrecepta)
- ¼ szklanki Chipotle Paleo Mayo (patrzrecepta)
- 1 lub 2 łyżki puree z dojrzałego mango*
- 1 łyżka świeżego soku z cytryny lub limonki lub octu winno-ryżowego
- 2 łyżki posiekanej świeżej bazylii

1. Rozmroź rybę, jeśli jest zamrożona. Opłucz rybę; osuszyć ręcznikiem papierowym. Rybę pokroić na cztery części.

2. Złóż każdy kawałek folii aluminiowej na pół, aby uzyskać kwadrat o podwójnej grubości i długości 12 cali (30 cm). Połóż kawałek ryby na środku kwadratu folii aluminiowej. Na wierzch połóż ćwiartkę cukinii. Posypać przyprawą ziołowo-cytrynową. Unieść dwie przeciwległe strony folii i kilka razy zawinąć ją nad cukinią i rybą. Zawiń końce folii aluminiowej. Powtórz tę czynność, aby przygotować jeszcze trzy paczki. Aby przygotować sos, w małej misce połącz Chipotle Paleo Mayo, mango, sok z limonki i bazylię; na bok.

3. W przypadku grilla węglowego lub grilla gazowego umieść paczki na grillu z olejem bezpośrednio na średnim ogniu.

Przykryj i grilluj przez 6 do 9 minut lub do momentu, aż ryba zacznie się łuszczyć, sprawdzając widelcem, a cukinia będzie chrupiąca (ostrożnie otwórz opakowanie, aby sprawdzić, czy jest gotowe). Nie obracaj opakowań podczas grillowania. Każdą porcję polej sosem.

*Wskazówka: Aby przygotować puree z mango, zmieszaj w blenderze ¼ szklanki posiekanego mango i 1 łyżkę wody. Przykryj i wymieszaj, aż będzie gładkie. Do smoothie dodaj resztę puree z mango.

DORSZ GOTOWANY W RIESLINGU Z POMIDORAMI FASZEROWANYMI PESTO

PRACA DOMOWA:30 minut gotowania: 10 minut przygotowania: 4 porcje

- 1 do 1 ½ funta świeżych lub mrożonych filetów z dorsza, o grubości około 1 cala
- 4 rzymskie pomidory
- 3 łyżki pesto bazyliowego (patrz recepta)
- ¼ łyżeczki mielonego czarnego pieprzu
- 1 szklanka wytrawnego Rieslinga lub Sauvignon Blanc
- 1 gałązka świeżego tymianku lub ½ łyżeczki suszonego, posiekanego
- 1 liść laurowy
- ½ szklanki wody
- 2 łyżki posiekanego szczypiorku
- Plastry cytryny

1. Rozmroź rybę, jeśli jest zamrożona. Pomidory przekrój poziomo na pół. Wytnij nasiona i część miąższu. (Jeśli chcesz stwardnieć pomidora, odetnij bardzo cienki plasterek od końca, uważając, aby nie zrobić dziury w dnie pomidora.) Nałóż odrobinę pesto na każdą połówkę pomidora; posypać mielonym pieprzem; na bok.

2. Umyj rybę; osuszyć ręcznikiem papierowym. Rybę pokroić na cztery części. Umieść koszyczek do gotowania na parze na dużej patelni z szczelnie przylegającą pokrywką. Dodaj około ½ cala wody do garnka. Doprowadzić do wrzenia; zredukuj ciepło do średniego. Do koszyka dodać pomidory przekrojoną stroną do góry. Przykryj i gotuj na parze przez 2 do 3 minut lub do momentu, aż się rozgrzeje.

3. Połóż pomidory na talerzu; przykryć, żeby było ciepło. Zdejmij koszyczek do gotowania na parze z patelni; wylać wodę. Do rondla dodać wino, tymianek, liść laurowy i ½ szklanki wody. Doprowadzić do wrzenia; Zmniejsz temperaturę do średnio-niskiej. Dodaj rybę i cebulę. Gotuj na wolnym ogniu pod przykryciem przez 8 do 10 minut lub do momentu, gdy ryba zacznie się łuszczyć, sprawdzając widelcem.

4. Skrop rybę odrobiną płynu kłusowniczego. Podawaj rybę z pomidorami nadziewanymi pesto i cząstkami cytryny.

GRILLOWANY DORSZ Z PISTACJOWĄ SKÓRKĄ I KOLENDRĄ NA PUREE Z BATATÓW

PRACA DOMOWA:20 minut pieczenia: 10 minut smażenia: 4 do 6 minut na ½ cala grubości Wydajność: 4 porcje

1 do 1 ½ funta świeżego lub mrożonego dorsza
Oliwa z oliwek lub rafinowany olej kokosowy
2 łyżki zmielonych pistacji, orzechów włoskich lub migdałów
1 białko jaja
½ łyżeczki drobno startej skórki z cytryny
1 ½ funta słodkich ziemniaków, obranych i pokrojonych w kostkę
2 ząbki czosnku
1 łyżka oleju kokosowego
1 łyżka startego świeżego imbiru
½ łyżeczki mielonego kminku
¼ szklanki mleka kokosowego (takiego jak Nature's Way)
4 łyżeczki pesto kolendrowego lub pesto bazyliowego (patrz przepisy)

1. Rozmroź rybę, jeśli jest zamrożona. Rozgrzej grill. Kratka olejowa patelni. W małej misce wymieszaj zmielone orzechy włoskie, białka jaj i skórkę z cytryny; na bok.

2. Aby przygotować puree ze słodkich ziemniaków, ugotuj słodkie ziemniaki i czosnek w średnim rondlu z wystarczającą ilością wrzącej wody, aby była przykryta, przez 10 do 15 minut lub do miękkości. Odpływ; Włóż z powrotem słodkie ziemniaki i czosnek do garnka. Do rozgniecenia słodkich ziemniaków użyj tłuczka do ziemniaków. Dodaj po 1 łyżce oleju kokosowego, imbiru i

kminku. Wymieszaj z mlekiem kokosowym, aż masa będzie jasna i puszysta.

3. Opłucz rybę; osuszyć ręcznikiem papierowym. Rybę pokroić na cztery części i ułożyć na ruszcie przygotowanej patelni bez podgrzewania. Umieść go pod cienkimi krawędziami. Każdy kęs posmaruj pesto z kolendry. Na pesto wylewamy masę orzechową i delikatnie rozprowadzamy. Grilluj rybę w odległości 4 cali od źródła ciepła przez 4 do 6 minut o grubości ½ cala lub do momentu, gdy ryba zacznie się łuszczyć, sprawdzając widelcem, przykrywając folią podczas grillowania, jeśli skóra zacznie się przypalać. Podawaj rybę ze słodkimi ziemniakami.

DORSZ Z ROZMARYNEM I MANDARYNKĄ Z PIECZONYMI BROKUŁAMI

PRACA DOMOWA:15 minut Marynowane: do 30 minut Gotowane: 12 minut Wydajność: 4 porcje

1 do 1 ½ funta świeżego lub mrożonego dorsza
1 łyżeczka drobno startej skórki mandarynki
½ szklanki świeżego soku z mandarynki lub pomarańczy
4 łyżki oliwy z oliwek
2 łyżeczki świeżego rozmarynu pokrojonego w paski
¼ do ½ łyżeczki mielonego czarnego pieprzu
1 łyżeczka drobno startej skórki mandarynki
3 szklanki brokułów
¼ łyżeczki posiekanej czerwonej papryki
Plasterki mandarynki, bez nasion

1. Rozgrzej piekarnik do 150°F. Rozmroź rybę, jeśli jest zamrożona. Opłucz rybę; osuszyć ręcznikiem papierowym. Rybę pokroić na cztery części. Zmierz grubość ryby. W płytkim naczyniu wymieszaj skórkę mandarynki, sok z mandarynki, 2 łyżki oliwy z oliwek, rozmaryn i czarny pieprz; dodaj rybę Przykryć i pozostawić do marynowania w lodówce na maksymalnie 30 minut.

2. W dużej misce wymieszaj brokuły z pozostałymi 2 łyżkami oliwy z oliwek i pokruszoną czerwoną papryką. Włóż do 2-litrowego rondla.

3. Lekko posmaruj patelnię dodatkową oliwą z oliwek. Odcedź rybę, zachowując marynatę. Połóż rybę na patelni, wsuwając ją pod cienką krawędź. Włóż rybę i brokuły do

piekarnika. Gotuj brokuły przez 12 do 15 minut lub do momentu, aż będą chrupiące, mieszając raz w połowie gotowania. Piecz rybę przez 4 do 6 minut na ½ cala grubości ryby lub do czasu, aż ryba zacznie odskakiwać, sprawdzając widelcem.

4. W małym rondlu zagotuj zarezerwowaną marynatę; gotować przez 2 minuty. Marynatą polej ugotowaną rybę. Podawaj rybę z brokułami i plasterkami mandarynki.

SAŁATKA Z DORSZA W CURRY Z MARYNOWANYMI RZODKIEWKAMI

PRACA DOMOWA: 20 minut przerwy: 20 minut Czas gotowania: 6 minut Wydajność: 4 porcjeFIGA

1 funt świeżych lub mrożonych filetów z dorsza
6 rzodkiewek, grubo startych
6 do 7 łyżek octu jabłkowego
½ łyżeczki posiekanej czerwonej papryki
2 łyżki nierafinowanego oleju kokosowego
¼ szklanki masła migdałowego
1 ząbek posiekanego czosnku
2 łyżeczki drobno startego imbiru
2 łyżki oliwy z oliwek
1½ do 2 łyżeczek curry w proszku bez dodatku soli
4 do 8 liści kapusty masłowej lub liści sałaty
1 czerwona papryka, posiekana
2 łyżki świeżej kolendry pokrojonej w paski

1. Rozmroź rybę, jeśli jest zamrożona. W średniej misce wymieszaj rzodkiewki, 4 łyżki octu i ¼ łyżeczki pokruszonej czerwonej papryki; odstawić na 20 minut, od czasu do czasu mieszając.

2. Aby przygotować sos z masłem migdałowym, rozpuść olej kokosowy w małym rondlu na małym ogniu. Mieszaj masło migdałowe, aż będzie gładkie. Dodać czosnek, imbir i ¼ łyżeczki posiekanej czerwonej papryki. Zdjąć z ognia. Dodaj pozostałe 2 do 3 łyżek octu jabłkowego, mieszaj, aż masa będzie gładka; na bok. (Sos lekko zgęstnieje po dodaniu octu.)

3. Opłucz rybę; osuszyć ręcznikiem papierowym. Na dużej patelni rozgrzej oliwę z oliwek i curry na średnim ogniu. Dodaj rybę; Gotuj od 3 do 6 minut lub do momentu, gdy ryba zacznie się rozpadać, sprawdzając ją widelcem, obracając raz w połowie gotowania. Rybę grubo rozgnieć dwoma widelcami.

4. Odcedź rzodkiewki; wyrzucić marynatę. Na każdy liść sałaty nałóż trochę ryby, paski papryki, mieszankę rzodkiewki i sos z masła migdałowego. Posypać kolendrą. Owiń papier wokół nadzienia. W razie potrzeby zabezpiecz opakowanie drewnianymi wykałaczkami.

SMAŻONY ŁUPACZ Z CYTRYNĄ I KOPREM WŁOSKIM

PRACA DOMOWA: 25 minut pieczenia: 50 minut Wydajność: 4 porcje

PLAMIAK, PŁOĆ I DORSZ MAJĄ GĘSTE, BIAŁE MIĘSO O ŁAGODNYM SMAKU. MOŻNA JE STOSOWAĆ WYMIENNIE W WIĘKSZOŚCI PRZEPISÓW, ŁĄCZNIE Z TYM PROSTYM DANIEM Z PIECZONĄ RYBĄ I WARZYWAMI Z ZIOŁAMI I WINEM.

- 4 świeże lub mrożone filety z plamiaka, plamiaka lub dorsza o wadze 6 uncji i grubości około ½ cala
- 1 duża bulwa kopru włoskiego, wydrążona i pokrojona w plasterki, liście zachowane i posiekane
- 4 średnie marchewki, przekrojone pionowo na pół na kawałki o długości od 2 do 3 cali
- 1 czerwona cebula, przekrojona na pół i pokrojona w plasterki
- 2 ząbki posiekanego czosnku
- 1 cytryna, pokrojona w cienkie plasterki
- 3 łyżki oliwy z oliwek
- ½ łyżeczki czarnego pieprzu
- ¾ szklanki wytrawnego białego wina
- 2 łyżki drobno posiekanej świeżej natki pietruszki
- 2 łyżki posiekanych świeżych liści kopru włoskiego
- 2 łyżeczki drobno startej skórki z cytryny

1. Rozmroź rybę, jeśli jest zamrożona. Rozgrzej piekarnik do 200°F. Połącz koper włoski, marchewkę, cebulę, czosnek i cząstki cytryny w kwadratowym naczyniu do pieczenia o pojemności 3 litrów. Skropić 2 łyżkami oliwy z oliwek i posypać ¼ łyżeczki pieprzu; pociągnąć do noszenia Wlać wino do talerza. Przykryj talerz folią aluminiową.

2. Grilluj przez 20 minut. Odkryć; wymieszać z mieszanką warzywną. Grilluj przez kolejne 15 do 20 minut lub do momentu, aż warzywa będą chrupiące. Wymieszaj mieszankę warzywną. Posyp rybę pozostałą ¼ łyżeczki pieprzu; połóż rybę na mieszance warzywnej. Skropić pozostałą łyżką oliwy z oliwek. Grilluj przez 8 do 10 minut lub do momentu, aż ryba zacznie się łuszczyć, sprawdzając widelcem.

3. W małej misce wymieszaj natkę pietruszki, liście kopru włoskiego i skórkę z cytryny. Przed podaniem rozłóż mieszaninę ryb i warzyw na talerzach. Sosem z patelni polej rybę i warzywa. Posypać mieszanką pietruszki.

LUCJAN W SKORUPCE ORZECHÓW PEKAN Z REMOULADĄ Z CAJUN OKRA I POMIDORAMI

PRACA DOMOWA: Gotuj 1 godzina: piecz 10 minut: 8 minut
Wydajność: 4 porcje

DANIE RYBNE TEJ FIRMYPRZYGOTOWANIE ZAJMUJE TROCHĘ CZASU, ALE BOGATY SMAK WYNAGRADZA TEN WYSIŁEK. REMOULADE, SOS MAJONEZOWY Z DRESSINGIEM MUSZTARDOWO-CYTRYNOWYM CAJUN, PRZYGOTOWANY Z POSIEKANEJ CZERWONEJ PAPRYKI, CEBULI I NATKI PIETRUSZKI, MOŻNA PRZYGOTOWAĆ DZIEŃ WCZEŚNIEJ I PRZECHOWYWAĆ W LODÓWCE.

- 4 łyżki oliwy z oliwek
- ½ szklanki drobno posiekanych orzechów pekan
- 2 łyżki posiekanej świeżej natki pietruszki
- 1 łyżka posiekanego świeżego tymianku
- 2 8-uncjowe filety z lucjana czerwonego o grubości ½ cala
- 4 łyżeczki przyprawy Cajun (patrz recepta)
- ½ szklanki posiekanej cebuli
- ½ szklanki posiekanej zielonej papryki
- ½ szklanki pokrojonego w plasterki selera
- 1 łyżka mielonego czosnku
- 1 funt świeżych strąków okry, pokrojonych w plasterki o grubości 1 cala (lub świeżych szparagów, pokrojonych na 1-calowe kawałki)
- 8 uncji pomidorów wiśniowych lub winogronowych, przekrojonych na pół
- 2 łyżeczki posiekanego świeżego tymianku
- Czarny pieprz

Remulada (przepis po prawej stronie)

1. Rozgrzej 1 łyżkę oliwy z oliwek na średniej wielkości patelni na średnim ogniu. Dodaj orzechy włoskie i praż przez około 5 minut lub do momentu, aż będą złociste i pachnące, często mieszając. Przełóż orzechy do małej miski i poczekaj, aż ostygną. Dodać pietruszkę i tymianek i odstawić.

2. Rozgrzej piekarnik do 400° F. Wyłóż blachę do pieczenia papierem pergaminowym lub folią aluminiową. Połóż filety z lucjana na blasze do pieczenia skórą do dołu i posyp każdy z nich 1 łyżeczką przyprawy Cajun. Za pomocą pędzla do ciasta posmaruj filety 2 łyżkami oliwy z oliwek. Rozłóż mieszaninę orzechów równomiernie pomiędzy filety, delikatnie wciskając orzechy włoskie w powierzchnię ryby, tak aby się przykleiły. Jeśli to możliwe, posyp odsłonięte obszary filetu rybnego orzechami włoskimi. Piecz rybę przez 8 do 10 minut lub do momentu, aż ryba będzie łatwo łuszczyć się czubkiem noża.

3. Rozgrzej pozostałą 1 łyżkę oliwy z oliwek na dużej patelni na średnim ogniu. Dodać cebulę, paprykę, seler i czosnek. Gotuj i mieszaj przez 5 minut lub do momentu, aż warzywa będą chrupiące. Dodaj pokrojoną w plasterki okrę (lub szparagi, jeśli używasz) i pomidory; Gotuj przez 5 do 7 minut lub do momentu, aż okra będzie chrupiąca, a pomidory zaczną się dzielić. Zdjąć z ognia i doprawić do smaku tymiankiem i czarnym pieprzem. Podawaj warzywa z lucjanem i Rémoulade.

Remulada: W robocie kuchennym zmiksuj ½ szklanki posiekanej czerwonej papryki, ¼ szklanki posiekanego szczypiorku i 2 łyżki posiekanej świeżej pietruszki na gładką masę. Dodaj ¼ szklanki Paleo Mayo (patrz recepta), ¼ szklanki musztardy Dijon (patrz recepta), 1½ łyżeczki soku z cytryny i ¼ łyżeczki przyprawy Cajun (patrz recepta). Naciśnij, aż się połączą. Przełożyć do miski i przechowywać w lodówce do momentu podania. (Remulade można przygotować 1 dzień wcześniej i przechowywać w lodówce.)

EMPANADY Z TUŃCZYKA Z ESTRAGONEM Z AWOKADO I AIOLI CYTRYNOWYM

PRACA DOMOWA:25 minut Czas gotowania: 6 minut Wydajność: 4 porcjeFIGA

WRAZ Z ŁOSOSIEM, TUŃCZYK JEST JEDNYM Z NICHJEDEN Z RZADKICH GATUNKÓW RYB, KTÓRY MOŻNA POKROIĆ W CIENKIE PLASTERKI. UWAŻAJ, ABY NIE PRZEROBIĆ TUŃCZYKA W ROBOCIE KUCHENNYM; PRZEPRACOWANIE TO UTWARDZA.

- 1 funt filetów z tuńczyka bez skóry, świeżych lub mrożonych
- 1 białko, lekko ubite
- ¾ szklanki mielonego złotego siemienia lnianego
- 1 łyżka estragonu lub świeżo startego koperku
- 2 łyżki świeżego szczypiorku pokrojonego w paski
- 1 łyżeczka drobno startej skórki z cytryny
- 2 łyżki oleju lnianego, oleju z awokado lub oliwy z oliwek
- 1 średnie awokado, bez pestek
- 3 łyżki Paleo Mayo (patrzrecepta)
- 1 łyżeczka drobno startej skórki z cytryny
- 2 łyżeczki świeżego soku z cytryny
- 1 ząbek posiekanego czosnku
- 4 uncje szpinaku baby (około 4 filiżanek ciasno zapakowanych)
- ⅓ szklanki sosu winegret z pieczonego czosnku (patrzrecepta)
- 1 jabłko Granny Smith, obrane i pokrojone na kawałki wielkości patyczka
- ¼ szklanki posiekanych, prażonych orzechów włoskich (patrzchudy)

1. Rozmroź rybę, jeśli jest zamrożona. Opłucz rybę; osuszyć ręcznikiem papierowym. Rybę pokroić na 1 ½-calowe kawałki. Umieść rybę w robocie kuchennym; przetwarzać z impulsami włączania/wyłączania, aż zostaną drobno posiekane. (Uważaj, żeby nie przepracować, bo burger stwardnieje.) Odłóż rybę na bok.

2. Połącz białka jaj, ¼ szklanki siemienia lnianego, estragon, szczypiorek i skórkę z cytryny w średniej misce. Dodaj rybę; delikatnie wymieszać do połączenia. Uformuj mieszaninę rybną w cztery kotlety o grubości ½ cala.

3. Umieść pozostałe ½ szklanki siemienia lnianego w płytkim naczyniu. Zanurzaj ciastka w mieszance nasion lnu i równomiernie je obracaj.

4. Rozgrzej olej na średnim ogniu w bardzo dużym rondlu. Gotuj placek z tuńczyka w gorącym oleju przez 6 do 8 minut lub do momentu, gdy termometr natychmiastowy włożony poziomo do ciasta wskaże 160°F i obróci się raz w połowie czasu gotowania.

5. W międzyczasie w średniej misce rozgnieć awokado widelcem na aioli. Dodaj Paleo Mayo, skórkę z cytryny, sok z cytryny i czosnek. Mieszaj, aż składniki dobrze się połączą i będą prawie gładkie.

6. Umieść szpinak w średniej misce. Skropić szpinak winegretem z pieczonego czosnku; pociągnąć do noszenia Na każdą porcję połóż na talerzu kulkę tuńczyka i jedną czwartą szpinaku. Wymieszaj tuńczyka z odrobiną aioli. Na wierzchu szpinak z jabłkami i orzechami włoskimi. Natychmiast podawaj.

ROZDROBNIONE TAGINE Z JEŻOWCA

PRACA DOMOWA:50 minut chłodzenie: 1 do 2 godzin gotowanie: 22 minuty gotowanie: 25 minut Wydajność: 4 porcje

TAGINE TO NAZWAZARÓWNO RODZAJ POTRAWY PÓŁNOCNOAFRYKAŃSKIEJ (RODZAJ GULASZU), JAK I STOŻKOWY GARNEK, W KTÓRYM JEST ONA GOTOWANA. JEŚLI GO NIE MASZ, DOBRZE SPRAWDZI SIĘ ZAKRYTA BLACHA DO PIECZENIA. CHERMOULA TO GĘSTA PASTA Z ZIÓŁ PÓŁNOCNOAFRYKAŃSKICH, NAJCZĘŚCIEJ STOSOWANA JAKO MARYNATA DO RYB. PODAWAJ TO KOLOROWE DANIE RYBNE ZE SŁODKIMI ZIEMNIAKAMI LUB KALAFIOREM.

- 4 6-uncjowe filety z okonia morskiego lub halibuta, świeże lub mrożone, ze skórą
- 1 pęczek posiekanej kolendry
- 1 łyżeczka drobno startej skórki z cytryny (rezerwa)
- ¼ szklanki świeżego soku z cytryny
- 4 łyżki oliwy z oliwek
- 5 ząbków mielonego czosnku
- 4 łyżeczki mielonego kminku
- 2 łyżeczki słodkiej czerwonej papryki
- 1 łyżeczka mielonej kolendry
- ¼ łyżeczki mielonego anyżu
- 1 duża cebula, obrana, przekrojona na pół i pokrojona w cienkie plasterki
- 1 15-uncjowe, pokrojone w kostkę pieczone pomidory bez dodatku soli, bez odsączenia
- ½ szklanki bulionu z kości kurczaka (patrzrecepta) lub niesolony bulion z kurczaka

1 duża żółta papryka, pozbawiona nasion i pokrojona w ½-calowe paski

1 duża pomarańczowa papryka, pozbawiona nasion i pokrojona w ½-calowe paski

1. Rozmroź rybę, jeśli jest zamrożona. Opłucz rybę; osuszyć ręcznikiem papierowym. Umieść filety rybne w płytkim, niemetalowym naczyniu do pieczenia. Odłóż rybę na bok.

2. Aby przygotować chermoulę, w małym blenderze lub robocie kuchennym wymieszaj kolendrę, sok z cytryny, 2 łyżki oliwy z oliwek, 4 posiekane ząbki czosnku, kminek, paprykę, kolendrę i anyż. Wykończone i obrabiane, aż będą gładkie.

3. Połowę chermouli wylej na rybę, obracając tak, aby przykryła ją z obu stron. Przykryj i przechowuj w lodówce przez 1 lub 2 godziny. Na wierzch połóż pozostałą chermoulę; odstawić w temperaturze pokojowej do momentu użycia.

4. Rozgrzej piekarnik do 100°C. Rozgrzej pozostałe 2 łyżki oleju na dużej patelni nadającej się do piekarnika na średnim ogniu. Dodaj cebulę; gotuj i mieszaj przez 4 do 5 minut lub do miękkości. Dodaj 1 ząbek mielonego czosnku; gotować i mieszać przez 1 minutę. Dodać zarezerwowaną chermoulę, pomidory, bulion z kości kurczaka, paski słodkiej papryki i skórkę z cytryny. Doprowadzić do wrzenia; zmniejszyć gorączkę Dusić bez przykrycia przez 15 minut. Jeśli chcesz, przenieś mieszaninę do tagine; na wierzch połóż rybę i resztę chermouli na talerzu. okładka; gotować 25 minut. Natychmiast podawaj.

BOUILLABAISSE Z OWOCAMI MORZA

POCZĄTEK DO KOŃCA: 1¾ GODZINY WYDAJNOŚĆ: 4 PORCJE

JAK WŁOSKIE CIOPPINO, TEN FRANCUSKI GULASZ Z OWOCÓW MORZARYB I OWOCÓW MORZA WYDAJE SIĘ BYĆ PRÓBKĄ DZIENNEGO POŁOWU WRZUCONĄ DO GARNKA Z CZOSNKIEM, CEBULĄ, POMIDOREM I WINEM. NAJBARDZIEJ WYRAZISTYM SMAKIEM BOUILLABAISSE JEST JEDNAK POŁĄCZENIE SMAKÓW SZAFRANU, KOPRU WŁOSKIEGO I SKÓRKI POMARAŃCZOWEJ.

- 1 funt świeżych lub mrożonych filetów z halibuta bez skóry, pokrojonych na 1-calowe kawałki
- 4 łyżki oliwy z oliwek
- 2 szklanki posiekanej cebuli
- 4 ząbki czosnku, posiekane
- 1 główka kopru włoskiego, obrana i posiekana
- 6 pomidorów romskich, posiekanych
- ¾ szklanki bulionu z kości kurczaka (patrz recepta) lub niesolony bulion z kurczaka
- ¼ szklanki wytrawnego białego wina
- 1 szklanka drobno posiekanej cebuli
- 1 główka kopru włoskiego, pozbawiona rdzenia i drobno posiekana
- 6 ząbków mielonego czosnku
- 1 pomarańcza
- 3 pomidory rzymskie, drobno posiekane
- 4 nitki szafranu
- 1 łyżka świeżego oregano pokrojonego w paski
- 1 funt małży, wyszorowanych i opłukanych
- 1 funt małży, pozbawionych brody, umytych i opłukanych (patrz chudy)

Świeże, posiekane oregano (opcjonalnie)

1. Rozmroź halibuta, jeśli jest zamrożony. Opłucz rybę; osuszyć ręcznikiem papierowym. Odłóż rybę na bok.

2. Podgrzej 2 łyżki oliwy z oliwek na średnim ogniu w garnku o pojemności od 6 do 8 litrów. Do garnka dodać 2 szklanki posiekanej cebuli, 1 główkę posiekanego kopru włoskiego i 4 ząbki posiekanego czosnku. gotuj 7 do 9 minut lub do momentu, aż cebula będzie miękka, od czasu do czasu mieszając. Dodaj 6 posiekanych pomidorów i 1 posiekaną główkę kopru włoskiego; gotuj jeszcze 4 minuty. Do garnka dodaj bulion z kości kurczaka i białe wino; gotować na wolnym ogniu przez 5 minut; ochłoń trochę. Przenieś mieszaninę warzyw do blendera lub robota kuchennego. Przykryj i zmiksuj lub przetwarzaj, aż będzie gładka; na bok.

3. Podgrzej pozostałą 1 łyżkę oliwy z oliwek w tym samym holenderskim piekarniku na średnim ogniu. Dodaj 1 szklankę drobno posiekanej cebuli, 1 drobno posiekaną główkę kopru włoskiego i 6 posiekanych ząbków czosnku. Gotuj na średnim ogniu przez 5 do 7 minut lub do momentu, aż będzie prawie miękka, często mieszając.

4. Obieraczką do warzyw usuń skórkę z pomarańczy w szerokie paski; na bok. Dodaj puree warzywne, 3 pokrojone pomidory, szafran, oregano i skórkę pomarańczową do holenderskiego piekarnika. Doprowadzić do wrzenia; zmniejszyć ogień, aby kontynuować gotowanie. Dodaj małże, małże i rybę; delikatnie wymieszaj, aby ryba pokryła się sosem. W razie potrzeby dostosuj ogień, aby utrzymać gotowanie na

wolnym ogniu. Przykryj i gotuj na wolnym ogniu przez 3 do 5 minut, aż małże i małże się otworzą, a ryba zacznie się łuszczyć, sprawdzając widelcem. Podawać w płytkich miseczkach. W razie potrzeby posyp dodatkowo oregano.

KLASYCZNE CEVICHE Z KREWETEK

PRACA DOMOWA:Gotuj 20 minut: Ochłodź 2 minuty: Odpocznij 1 godzina: 30 minut Wydajność: 3 do 4 porcji

TO DANIE Z AMERYKI ŁACINSKIEJ JEST FANTASTYCZNESMAK I KONSYSTENCJA. CHRUPIACY OGOREK I SELER, KREMOWE AWOKADO, PIKANTNE I CHRUPIACE PAPRYCZKI JALAPENO ORAZ DELIKATNE I SLODKIE KREWETKI ZMIESZANE SA Z SOKIEM Z LIMONKI I OLIWA Z OLIWEK. W TRADYCYJNYM CEVICHE KWAS ZAWARTY W SOKU Z LIMONKI „GOTUJE" KREWETKI, ALE SZYBKIE ZANURZENIE WE WRZACEJ WODZIE NIE POZOSTAWIA NICZEGO I NIE SZKODZI SMAKOWI ANI KONSYSTENCJI KREWETEK.

- 1 funt świeżych lub mrożonych średnich krewetek, obranych i oczyszczonych, z usuniętymi ogonami
- ½ ogórka, obranego, wypestkowanego i posiekanego
- 1 szklanka posiekanego selera
- ½ małej czerwonej cebuli, posiekanej
- 1 do 2 papryczek jalapeño, pozbawionych nasion i posiekanych (patrz chudy)
- ½ szklanki świeżego soku z limonki
- 2 pomidory rzymskie, pokrojone w kostkę
- 1 awokado przekrojone na pół, pozbawione pestek, obrane i pokrojone w kostkę
- ¼ szklanki świeżej kolendry, posiekanej
- 3 łyżki oliwy z oliwek
- ½ łyżeczki czarnego pieprzu

1. Rozmroź krewetki, jeśli są zamrożone. Obierz i oczyść krewetki; usuń ogon Opłucz krewetki; osuszyć ręcznikiem papierowym.

2. Napełnij duży garnek do połowy wodą. Doprowadzić do wrzenia. Dodaj krewetki do wrzącej wody. gotować bez przykrycia przez 1 do 2 minut lub do momentu, aż krewetki staną się nieprzezroczyste; odcedzić Włóż krewetki do zimnej wody i ponownie odcedź. Krewetki pokroić w kostkę.

3. Połącz krewetki, ogórek, seler, cebulę, papryczki jalapeno i sok z limonki w bardzo dużej, niereagującej misce. Przykryj i wstaw do lodówki na 1 godzinę, mieszając raz lub dwa razy.

4. Dodać pomidory, awokado, kolendrę, oliwę z oliwek i czarny pieprz. Przykryj i odstaw na 30 minut w temperaturze pokojowej. Delikatnie zamieszaj przed podaniem.

SAŁATKA Z KREWETEK W SKÓRCE KOKOSOWEJ I SZPINAKU

PRACA DOMOWA:Gotowanie 25 minut: 8 minut Wydajność: 4 porcjeFIGA

KOMERCYJNIE PRODUKOWANE PUSZKI Z OLIWĄ Z OLIWEK W SPRAYUMOŻE ZAWIERAĆ ALKOHOL ZBOŻOWY, LECYTYNĘ I GAZY PĘDNE; NIE JEST TO ŚWIETNE POŁĄCZENIE, JEŚLI STARASZ SIĘ JEŚĆ PRAWDZIWĄ, CZYSTĄ ŻYWNOŚĆ I UNIKAĆ ZBÓŻ, NIEZDROWYCH TŁUSZCZÓW, ROŚLIN STRĄCZKOWYCH I NABIAŁU. ROZPYLACZ OLEJU WYKORZYSTUJE WYŁĄCZNIE POWIETRZE DO ROZPYLENIA OLEJU W DROBNĄ MGIEŁKĘ, IDEALNĄ DO DELIKATNEGO POKRYCIA KREWETEK SKORUPĄ KOKOSOWĄ PRZED GOTOWANIEM.

- 1 ½ funta świeżych lub mrożonych bardzo dużych krewetek
- Atomizer Misto wypełniony oliwą z oliwek z pierwszego tłoczenia
- 2 jajka
- ¾ szklanki niesłodzonych płatków kokosowych lub wiórków kokosowych
- ¾ szklanki mąki migdałowej
- ½ szklanki oleju z awokado lub oliwy z oliwek
- 3 łyżki świeżego soku z cytryny
- 2 łyżki świeżego soku z limonki
- 2 małe ząbki czosnku, posiekane
- ⅛ do ¼ łyżeczki posiekanej czerwonej papryki
- 8 szklanek świeżego szpinaku
- 1 średnie awokado, przekrojone na pół, obrane, wydrążone i pokrojone w cienkie plasterki
- 1 mała pomarańczowa lub żółta słodka papryka, pokrojona w cienkie plasterki

½ szklanki posiekanej czerwonej cebuli

1. Rozmroź krewetki, jeśli są zamrożone. Krewetki obierz i oczyść, pozostawiając ogony nienaruszone. Opłucz krewetki; osuszyć ręcznikiem papierowym. Rozgrzej piekarnik do 450° F. Wyłóż dużą blachę do pieczenia folią aluminiową; Lekko posmaruj folię aluminiową olejkiem w sprayu z butelki Misto; na bok.

2. Ubij jajka widelcem w płytkim naczyniu. W innym płytkim naczyniu wymieszaj mąkę kokosową i migdałową. Zanurz krewetki w jajku, obróć do panierowania. Zanurz w mieszance kokosowej, dociśnij do pokrycia (pozostaw ogon odkryty). Ułóż krewetki w jednej warstwie na przygotowanej blasze do pieczenia. Pokryj wierzch krewetek olejem w sprayu z butelki Misto.

3. Piec przez 8 do 10 minut lub do momentu, aż krewetki będą nieprzezroczyste, a dodatki lekko zarumienione.

4. W międzyczasie przygotuj sos, w małym zakręcanym słoiczku połącz olej z awokado, sok z cytryny, sok z limonki, czosnek i pokruszoną czerwoną paprykę. Zamknij i dobrze wstrząśnij.

5. Do sałatek rozłóż szpinak na czterech talerzach. Na wierzch połóż awokado, paprykę, czerwoną cebulę i krewetki. Skropić dressingiem i natychmiast podawać.

TROPIKALNE KREWETKI I CEVICHE Z PRZEGRZEBKÓW

PRACA DOMOWA:20 minut marynowania: 30 do 60 minut
Wydajność: 4 do 6 porcji

ŚWIEŻE I LEKKIE CEVICHE TO WSPANIAŁY POSIŁEK NA GORĄCĄ LETNIĄ NOC. Z MELONEM, MANGO, PIEPRZEM SERRANO, KOPREM WŁOSKIM I DRESSINGIEM MANGO-LIMONKA (PATRZ RECEPTA), TO SŁODKA WERSJA ORYGINAŁU.

- 1 funt świeżych lub mrożonych przegrzebków
- 1 funt świeżych lub mrożonych dużych krewetek
- 2 szklanki pokrojonego w kostkę kantalupa
- 2 średnie mango, wypestkowane, obrane i posiekane (około 2 filiżanek)
- 1 główka kopru włoskiego, przycięta, poćwiartowana, pozbawiona gniazd nasiennych i pokrojona w cienkie plasterki
- 1 średnia czerwona papryka, posiekana (około ¾ szklanki)
- 1 lub 2 papryki serrano, pozbawione w razie potrzeby nasion i pokrojone w cienkie plasterki (patrz chudy)
- ½ szklanki lekko zapakowanej świeżej kolendry, posiekanej
- 1 Przepis na sos sałatkowy z mango i limonką (patrz recepta)

1. Rozmroź przegrzebki i krewetki, jeśli są zamrożone. Przekrój przegrzebki poziomo na pół. Obierz, oczyść i przekrój krewetki poziomo na pół. Opłucz przegrzebki i krewetki; osuszyć ręcznikiem papierowym. Napełnij duży garnek wodą w trzech czwartych. Doprowadzić do wrzenia. Dodaj krewetki i przegrzebki; gotuj 3 do 4 minut lub do momentu, aż krewetki i przegrzebki staną się nieprzezroczyste; odcedzić i przepłukać pod zimną wodą, aby szybko ostygły. Dobrze odcedź i odstaw.

2. W bardzo dużej misce wymieszaj kantalupę, mango, koper włoski, paprykę, paprykę serrano i kolendrę. Dodaj sos sałatkowy mango-limonka; delikatnie wrzucić do pokrycia. Ostrożnie dodaj ugotowane krewetki i przegrzebki. Przed podaniem pozostawić do marynowania w lodówce na 30 do 60 minut.

KREWETKI CZOSNKOWE Z WIĘDNIĘTYM SZPINAKIEM I RADICCHIO

PRACA DOMOWA:Czas gotowania: 15 minut: 8 minut Wydajność: 3 porcje

„SCAMPI" NAWIĄZUJE DO KLASYCZNEGO DANIA RESTAURACYJNEGOSMAŻONE LUB GRILLOWANE DUŻE KREWETKI Z MASŁEM I DUŻĄ ILOŚCIĄ CZOSNKU I CYTRYNY. TA PIKANTNA WERSJA OLIWY Z OLIWEK JEST ZATWIERDZONA PRZEZ PALEO I WZBOGACONA POD WZGLĘDEM ODŻYWCZYM SZYBKIM DODATKIEM RADICCHIO I SZPINAKU.

- 1 funt świeżych lub mrożonych dużych krewetek
- 4 łyżki oliwy z oliwek z pierwszego tłoczenia
- 6 ząbków mielonego czosnku
- ½ łyżeczki czarnego pieprzu
- ¼ szklanki wytrawnego białego wina
- ½ szklanki posiekanej świeżej pietruszki
- ½ główki radicchio, pozbawionej rdzenia i pokrojonej w cienkie plasterki
- ½ łyżeczki posiekanej czerwonej papryki
- 9 szklanek szpinaku baby
- Plastry cytryny

1. Rozmroź krewetki, jeśli są zamrożone. Krewetki obierz i oczyść, pozostawiając ogony nienaruszone. Na dużej patelni rozgrzej 2 łyżki oliwy z oliwek na średnim ogniu. Dodać krewetki, 4 ząbki posiekanego czosnku i czarny pieprz. Gotuj i mieszaj przez około 3 minuty lub do momentu, aż krewetki staną się nieprzezroczyste. Przełóż mieszaninę krewetek do miski.

2. Do garnka wlej białe wino. Smaż, mieszając, aby uwolnić złoty czosnek z dna patelni. Wlać wino do krewetek; wymieszać do połączenia. Dodaj pietruszkę. Przykryj luźno folią aluminiową, aby utrzymać ciepło; na bok.

3. Na patelnię dodaj pozostałe 2 łyżki oliwy z oliwek, 2 posiekane ząbki czosnku, radicchio i posiekaną czerwoną paprykę. Gotuj i mieszaj na średnim ogniu przez 3 minuty lub do momentu, aż radicchio zacznie więdnąć. Delikatnie dodaj szpinak; Gotuj i mieszaj przez kolejne 1 do 2 minut lub do momentu, aż szpinak będzie miękki.

4. Przed podaniem podziel mieszankę szpinakową na trzy talerze; na wierzchu połóż mieszaninę krewetek. Podawać z cząstkami cytryny, którymi można wycisnąć krewetki i warzywa.

SAŁATKA KRABOWA Z AWOKADO, GREJPFRUTEM I JICAMĄ

ZACZNIJ KOŃCZYĆ:Wydajność 30 minut: 4 porcje

NAJLEPSZE JEST MIĘSO Z OLBRZYMICH LUB PŁETWY GRZBIETOWEJ DO TEJ SAŁATKI. GRUBE MIĘSO KRABA SKŁADA SIĘ Z DUŻYCH KAWAŁKÓW, KTÓRE NADAJĄ SIĘ DO SAŁATEK. BACKFIN TO MIESZANKA POŁAMANYCH KAWAŁKÓW MIĘSA KRABA NA DUŻE KAWAŁKI I MNIEJSZYCH KAWAŁKÓW MIĘSA KRABA Z CIAŁA KRABA. CHOCIAŻ PŁETWA GRZBIETOWA JEST MNIEJSZA OD KRABA OLBRZYMIEGO, DZIAŁA DOBRZE. ŚWIEŻY JEST OCZYWIŚCIE NAJLEPSZY, ALE MROŻONY, ROZMROŻONY KRAB TO DOBRY WYBÓR.

6 szklanek młodego szpinaku

½ średniej jicamy, obranej i pokrojonej*

2 różowe lub rubinowe grejpfruty, obrane, pozbawione nasion i pokrojone w plasterki**

2 małe awokado, przekrojone na pół

1-funtowe kawałki lub mięso kraba

Sos grejpfrutowo-bazyliowy (przepis po prawej)

1. Rozłóż szpinak na czterech talerzach. Na wierzch połóż jicamę, segmenty grejpfruta i nagromadzony sok, awokado i mięso kraba. Skropić dressingiem bazyliowym i grejpfrutowym.

Sos grejpfrutowo-bazyliowy: Połącz ⅓ szklanki oliwy z oliwek w zakręcanym słoiku; ¼ szklanki świeżego soku grejpfrutowego; 2 łyżki świeżego soku pomarańczowego; ½ małej szalotki, posiekanej; 2 łyżki posiekanej świeżej bazylii; ¼ łyżeczki posiekanej czerwonej papryki; i ¼ łyżeczki czarnego pieprzu. Zamknij i dobrze wstrząśnij.

*Wskazówka: Obieraczką do julienne szybko pokroisz jicamę na cienkie paski.

**Wskazówka: Aby pokroić grejpfruta, odetnij kawałek łodygi i spodu owocu. Połóż go pionowo na powierzchni roboczej. Pokrój owoce na sekcje od góry do dołu, zgodnie z zaokrąglonym kształtem owocu, aby usunąć skórkę. Przełóż owoc na miskę i za pomocą noża odetnij środek owocu po bokach każdej części, aby uwolnić go od miąższu. Kawałki włóż do miski z nagromadzonym sokiem. Wyrzuć miąższ.

CAJUN GOTOWANY OGON HOMARA Z ESTRAGONEM AIOLI

PRACA DOMOWA:20 minut gotowania: 30 minut Wydajność: 4 porcjeFIGA

NA ROMANTYCZNĄ KOLACJĘ WE DWOJE,TEN PRZEPIS MOŻNA ŁATWO PODZIELIĆ NA PÓŁ. UŻYJ BARDZO OSTRYCH NOŻYC KUCHENNYCH, ABY ODCIĄĆ SKORUPĘ Z OGONÓW HOMARA, ABY UZYSKAĆ AROMATYCZNE MIĘSO.

2 przepisy na przyprawy Cajun (patrzrecepta)
12 ząbków czosnku, obranych i przekrojonych na pół
2 cytryny, przekrojone na pół
2 duże marchewki, obrane
2 łodygi selera, obrane
2 bulwy kopru włoskiego, pokrojone w cienkie plasterki
1 funt całych grzybów
4 ogony homara Maine, od 7 do 8 uncji
4 8-calowe bambusowe szaszłyki
½ szklanki Paleo Aïoli (majonez z czosnkiem) (patrzrecepta)
¼ szklanki musztardy Dijon (patrzrecepta)
2 łyżki estragonu lub świeżej natki pietruszki pokrojonej w paski

1. Połącz 6 szklanek wody, przyprawę Cajun, czosnek i cytryny w 8-litrowym garnku. Doprowadzić do wrzenia; gotować przez 5 minut. Zmniejsz ogień, aby płyn się gotował.

2. Marchewkę i seler przekrój w poprzek na cztery części. Do płynu dodać marchew, seler i koper włoski. Przykryj i gotuj przez 10 minut. Dodaj grzyby; przykryć i gotować

przez 5 minut. Za pomocą łyżki cedzakowej przełóż warzywa do miski; trzymaj się ciepło

3. Zaczynając od łodygi każdego ogona homara, wsuń szaszłyk pomiędzy mięso a skorupę, przechodząc prawie do samego końca. (Zapobiegnie to zwijaniu się ogona podczas gotowania.) Zmniejsz ogień. Gotuj ogony homara we wrzącej wodzie w rondlu przez 8 do 12 minut lub do momentu, aż muszle staną się jaskrawoczerwone, a mięso będzie miękkie po nakłuciu widelcem. Wyjmij homara z płynu do gotowania. Użyj ręcznika kuchennego, aby przytrzymać ogony homara, a następnie wyjmij i wyrzuć szaszłyki.

4. W małej misce wymieszaj Paleo Aioli, musztardę Dijon i estragon. Podawać z homarem i warzywami.

SMAŻONE MAŁŻE Z SZAFRANOWYM AIOLI

POCZĄTEK DO KOŃCA: 1 ¼ GODZINY WYDAJNOŚĆ: 4 PORCJE

TO PALEO WERSJA FRANCUSKIEGO KLASYKAZ MAŁŻY GOTOWANYCH NA PARZE Z BIAŁYM WINEM I ZIOŁAMI ORAZ Z CIENKIMI I CHRUPIĄCYMI BIAŁYMI FRYTKAMI. WYRZUĆ MAŁŻE, KTÓRE NIE ZAMYKAJĄ SIĘ PRZED GOTOWANIEM I TE, KTÓRE NIE OTWIERAJĄ SIĘ PO UGOTOWANIU.

FRYTKI Z PASTERNAKU
 1 ½ funta pasternaku, obranego i pokrojonego w wymiary 3 × ¼ cala w lipcu
 3 łyżki oliwy z oliwek
 2 ząbki posiekanego czosnku
 ¼ łyżeczki czarnego pieprzu
 ⅛ łyżeczki pieprzu cayenne

SZAFRANOWE AIOLI
 ⅓ szklanki Paleo Alioli (majonezu czosnkowego) (patrz recepta)
 ⅛ łyżeczki nitek szafranu, drobno posiekanych

NIEBIESKI MAŁŻ
 4 łyżki oliwy z oliwek
 ½ szklanki drobno posiekanej szalotki
 6 ząbków mielonego czosnku
 ¼ łyżeczki czarnego pieprzu
 3 szklanki wytrawnego białego wina
 3 duże gałązki natki pietruszki płaskolistnej
 4 funty małży, oczyszczonych i obranych*
 ¼ szklanki posiekanej świeżej włoskiej pietruszki (płaskiej).

2 łyżki świeżego estragonu pokrojonego w paski (opcjonalnie)

1. Frytki rozgrzej piekarnik do 150°F. Zanurz pokrojony pasternak w takiej ilości zimnej wody, aby był przykryty i włóż go do lodówki na 30 minut; odcedzić i osuszyć papierem chłonnym.

2. Dużą blachę do pieczenia wyłóż papierem do pieczenia. Umieść pasternak w bardzo dużej misce. W małej misce wymieszaj 3 łyżki oliwy z oliwek, 2 posiekane ząbki czosnku, ¼ łyżeczki czarnego pieprzu i pieprz cayenne; posypać pasternak i wymieszać. Na przygotowanej blasze ułóż pasternak równą warstwą. Piec 30 do 35 minut lub do momentu, aż będą miękkie i zaczną się rumienić, od czasu do czasu mieszając.

3. Aby przygotować aioli, w małej misce połącz Paleo aioli i szafran. Przykryj i przechowuj w lodówce do czasu podania.

4. W międzyczasie w garnku o pojemności 6–8 litrów lub w piekarniku holenderskim podgrzej 4 łyżki oliwy z oliwek na średnim ogniu. Dodać szalotkę, 6 ząbków czosnku i ¼ łyżeczki czarnego pieprzu; gotować około 2 minut lub do momentu, aż będzie miękki i zwiędły, często mieszając.

5. Do garnka dodać wino i gałązki pietruszki; doprowadzić do wrzenia. Dodać małże, wymieszać kilka razy. Szczelnie przykryj i gotuj na parze przez 3 do 5 minut lub do momentu, aż muszle się otworzą, delikatnie mieszając dwukrotnie. Wyrzuć wszystkie małże, które się nie otworzyły.

6. Dużą łyżką przełóż małże do płytkich misek na zupę. Usuń i wyrzuć gałązki pietruszki z płynu do gotowania; Wlać płyn z gotowania na małże. Posypać posiekaną natką pietruszki i ewentualnie estragonem. Podawać natychmiast z frytkami z pasternaku i szafranowym aioli.

* Wskazówka: ugotuj małże tego samego dnia, w którym je kupiłeś. Jeśli używasz małży dzikich, zanurz je w misce z zimną wodą na 20 minut, aby usunąć piasek i żwir. (Nie jest to konieczne w przypadku małży hodowlanych.) Szoruj małże sztywną szczotką, pojedynczo, pod zimną wodą. Musztarda z małży około 10 do 15 minut przed gotowaniem. Broda to niewielka grupa włókien wyłaniających się z muszli. Aby usunąć brodę, chwyć sznurek między kciukiem a palcem wskazującym i pociągnij w stronę zawiasu. (Ta metoda nie zabija omułka.) Do chwytania można również użyć szczypiec lub szczypiec. Upewnij się, że skorupa każdego małża jest szczelnie zamknięta. Jeśli muszle są otwarte, delikatnie dotknij stołu. Wyrzuć małże, które nie zamkną się w ciągu kilku minut.

SMAŻONE PRZEGRZEBKI Z SOSEM Z BURAKÓW

ZACZNIJ KOŃCZYĆ:Wydajność 30 minut: 4 porcjeFIGA

DLA PIĘKNEJ ZŁOTEJ SKÓRKI,PRZED DODANIEM PRZEGRZEBKÓW NA PATELNIĘ UPEWNIJ SIĘ, ŻE POWIERZCHNIA PRZEGRZEBKÓW JEST SUCHA, A PATELNIA JEST GORĄCA. POZWÓL TAKŻE PRZEGRZEBKOM BRĄZOWIEĆ W SPOKOJU PRZEZ 2 DO 3 MINUT, DOKŁADNIE SPRAWDZAJĄC PRZED PRZEWRÓCENIEM.

- 1 funt świeżych lub mrożonych przegrzebków, osuszonych ręcznikami papierowymi
- 3 średnie buraki, obrane i pokrojone na kawałki
- ½ jabłka Granny Smith, obranego i pokrojonego
- 2 papryczki jalapeno, pozbawione łodyg, pozbawione nasion i posiekane (patrz chudy)
- ¼ szklanki posiekanej świeżej kolendry
- 2 łyżki drobno posiekanej czerwonej cebuli
- 4 łyżki oliwy z oliwek
- 2 łyżki świeżego soku z limonki
- biały pieprz

1. Rozmroź przegrzebki, jeśli są zamrożone.

2. Aby przygotować sos buraczany, w średniej misce połącz buraki, jabłko, papryczki jalapeno, kolendrę, cebulę, 2 łyżki oliwy z oliwek i sok z limonki. Dobrze wymieszać Odłóż na bok na czas przygotowywania przegrzebków.

3. Umyj przegrzebki; osuszyć ręcznikiem papierowym. Na dużej patelni rozgrzej pozostałe 2 łyżki oliwy z oliwek na średnim ogniu. Dodaj przegrzebki; Piec przez 4 do 6

minut lub do momentu, aż na zewnątrz będzie złotobrązowy i nieprzezroczysty. Lekko posyp przegrzebki białym pieprzem.

4. Przed podaniem równomiernie rozłóż sos buraczany na talerzach; na wierzchu przegrzebki. Natychmiast podawaj.

GRILLOWANE PRZEGRZEBKI Z SOSEM OGÓRKOWO-KOPERKOWYM

PRACA DOMOWA:Zimno 35 minut: 1 do 24 godzin Grill: 9 minut
Wydajność: 4 porcje

OTO WSKAZOWKA, JAK UZYSKAC IDEALNE AWOKADO:KUPUJ JE, GDY SA JASNOZIELONE I TWARDE, A NASTEPNIE POZWOL IM DOJRZEC NA BLACIE PRZEZ KILKA DNI, AZ LEKKO USTAPIA POD LEKKIM NACISNIECIEM PALCOW. GDY SA TWARDE I ZIELONE, NIE ULEGAJA OBTLUCZENIU W TRANSPORCIE Z RYNKU.

12 do 16 świeżych lub mrożonych przegrzebków (łącznie 1¼ do 1¾ funta)

¼ szklanki oliwy z oliwek

4 ząbki czosnku, posiekane

1 łyżeczka świeżo zmielonego czarnego pieprzu

2 średnie cukinie, przycięte i przekrojone wzdłuż na pół

½ średniego ogórka przekrojonego wzdłuż na pół i pokrojonego w poprzek

1 średnie awokado, przekrojone na pół, obrane, wydrążone i posiekane

1 średni pomidor, wydrążony, wypestkowany i posiekany

2 łyżeczki mięty, świeżej mięty

1 łyżeczka świeżego koperku, pokrojonego w paski

1. Rozmroź przegrzebki, jeśli są zamrożone. Opłucz przegrzebki pod zimną wodą; osuszyć ręcznikiem papierowym. W dużej misce wymieszaj 3 łyżki oleju, czosnek i ¾ łyżeczki pieprzu. Dodaj przegrzebki; delikatnie wrzucić do pokrycia. Przykryj i wstaw do

lodówki na co najmniej 1 godzinę lub do 24 godzin, od czasu do czasu mieszając.

2. Posmaruj połówki cukinii pozostałą łyżką oleju; Posyp równomiernie pozostałą ¼ łyżeczki pieprzu.

3. Odcedź przegrzebki, wylej marynatę. Przewlecz dwa 10-12-calowe szaszłyki przez każdą przegrzebkę, używając 3 do 4 przegrzebków na szpikulec, pozostawiając ½-calową przestrzeń między przegrzebkami. *(Zawiązanie przegrzebków na dwóch szynach pomaga utrzymać je stabilnie podczas gotowania i obracania.)

4. W przypadku grilla węglowego lub gazowego połóż szaszłyki z przegrzebków i połówki cukinii bezpośrednio na grillu na średnim ogniu. ** Przykryj i gotuj, aż przegrzebki staną się nieprzezroczyste, a cukinia będzie miękka i przewróci się w połowie rusztu. Odczekaj od 6 do 8 minut w przypadku przegrzebków i od 9 do 11 minut w przypadku cukinii.

5. W międzyczasie, na sos, w średniej misce połącz ogórek, awokado, pomidory, miętę i koperek. Delikatnie wymieszaj do połączenia. Połóż po 1 przegrzebku na każdym z czterech talerzy. Połówki cukinii przekrój ukośnie na pół i ułóż na talerzu z przegrzebkami. Wlać mieszaninę ogórków równomiernie na przegrzebki.

*Wskazówka: Jeśli używasz drewnianych szpikulców, przed użyciem namocz je w wystarczającej ilości wody, tak aby były przykryte na 30 minut.

**Do grillowania: Przygotuj zgodnie z zaleceniami w kroku 3. Umieść szaszłyki z przegrzebków i połówki cukinii na nieogrzewanym ruszcie w brytfance. Grilluj na ogniu od 4 do 5 cali, aż przegrzebki staną się nieprzezroczyste, a cukinia będzie miękka, obracając raz w połowie gotowania. Odczekaj 6 do 8 minut w przypadku przegrzebków i 10 do 12 minut w przypadku cukinii.

GRILLOWANE PRZEGRZEBKI Z POMIDORAMI, OLIWĄ I SOSEM ZIOŁOWYM

PRACA DOMOWA:Czas gotowania: 20 minut: 4 minuty Wydajność: 4 porcje

SOS PRZYPOMINA TROCHĘ CIEPŁY WINEGRET.OLIWA Z OLIWEK, ŚWIEŻE POSIEKANE POMIDORY, SOK Z CYTRYNY I ZIOŁA SĄ MIESZANE I BARDZO DELIKATNIE PODGRZEWANE, NA TYLE, ABY SMAKI SIĘ POŁĄCZYŁY, A NASTĘPNIE PODAWANE Z GRILLOWANYMI PRZEGRZEBKAMI I SAŁATKĄ Z CHRUPIĄCYCH KIEŁKÓW SŁONECZNIKA

PRZEGRZEBKI I SALSA
- 1 do 1 ½ funta dużych świeżych lub mrożonych przegrzebków (około 12)
- 2 duże pomidory romskie, obrane, * pozbawione nasion i posiekane
- ½ szklanki oliwy z oliwek
- 2 łyżki świeżego soku z cytryny
- 2 łyżki posiekanej świeżej bazylii
- 1 lub 2 łyżeczki drobno posiekanego szczypiorku
- 1 łyżka oliwy z oliwek

SAŁATKA
- 4 szklanki kiełków słonecznika
- 1 cytryna pokrojona w plasterki
- Oliwa z oliwek z pierwszego tłoczenia

1. Rozmroź przegrzebki, jeśli są zamrożone. Opłucz przegrzebki; Wiem to. Na bok.

2. Aby przygotować sos, w małym rondlu połącz pomidory, ½ szklanki oliwy z oliwek, sok z cytryny, bazylię i zieloną cebulę; na bok.

3. Rozgrzej 1 łyżkę oliwy z oliwek na dużej patelni na średnim ogniu. Dodaj przegrzebki; gotuj przez 4 do 5 minut lub do momentu, aż będą złociste i nieprzezroczyste, obracając raz w połowie gotowania.

4. Do sałatki włóż kiełki do miski. Wyciśnij plasterki cytryny na kiełki i skrop odrobiną oliwy z oliwek. Mieszaj, aby dopasować.

5. Podgrzej sos na małym ogniu, aż będzie gorący; nie gotować. Aby podać, wlej trochę sosu na środek talerza; na wierzchu połóż 3 przegrzebki. Podawać z sałatką z kiełków.

*Wskazówka: Aby łatwo obrać pomidora, włóż go do garnka z wrzącą wodą na 30 sekund do 1 minuty lub do momentu, aż skórka zacznie pękać. Wyjmij pomidory z wrzącej wody i natychmiast zanurz je w misce z lodowatą wodą, aby zatrzymać proces gotowania. Gdy pomidor ostygnie na tyle, że będzie można go nieść, usuń skórę.

PIECZONY KALAFIOR KMINKOWY Z KOPREM WŁOSKIM I CEBULĄ PERŁOWĄ

PRACA DOMOWA: 15 minut Czas gotowania: 25 minut Wydajność: 4 porcjeFIGA

JEST COŚ SZCZEGÓLNIE KUSZĄCEGONA POŁĄCZENIU PIECZONEGO KALAFIORA I TOSTOWEGO, ZIEMISTEGO SMAKU KMINKU. TO DANIE MA DODATKOWY CZYNNIK SŁODKOŚCI Z SUSZONYCH PORZECZEK. JEŚLI CHCESZ, W KROKU 2 MOŻESZ DODAĆ TROCHĘ CIEPŁA, DODAJĄC ¼ DO ½ ŁYŻECZKI POKRUSZONEJ CZERWONEJ PAPRYKI, KMINKU I PORZECZEK.

- 3 łyżki nierafinowanego oleju kokosowego
- 1 średni kalafior, podzielony na różyczki (4 do 5 filiżanek)
- 2 główki kopru włoskiego, grubo posiekane
- 1 ½ szklanki mrożonej cebuli perłowej, rozmrożonej i odsączonej
- ¼ szklanki suszonych porzeczek
- 2 łyżeczki mielonego kminku
- posiekany świeży koperek (opcjonalnie)

1. Rozgrzej olej kokosowy na średnim ogniu na bardzo dużej patelni. Dodać kalafior, koper włoski i cebulę perłową. Przykryj i gotuj przez 15 minut, od czasu do czasu mieszając.

2. Zmniejsz temperaturę do średnio-niskiej. Dodaj porzeczki i kminek na patelnię; Gotuj bez przykrycia przez około 10 minut lub do momentu, aż kalafior i koper włoski będą miękkie i złociste. W razie potrzeby udekoruj koperkiem.

GĘSTY SOS POMIDOROWO-BAKŁAŻANOWY Z DYNIĄ SPAGHETTI

PRACA DOMOWA:30 minut Gotowanie: 50 minut Chłodzenie: 10 minut Gotowanie: 10 minut Wydajność: 4 porcje

TĘ PIKANTNĄ PRZYSTAWKĘ MOŻNA ŁATWO ODWRÓCIĆNA DANIE GŁÓWNE. DODAJ OKOŁO 1 FUNTA UGOTOWANEJ MIELONEJ WOŁOWINY LUB ŻUBRA DO MIESZANKI POMIDORÓW I BAKŁAŻANÓW PO LEKKIM ROZGNIECENIU TŁUCZKIEM DO ZIEMNIAKÓW.

1 2 do 2 ½ funta dyni spaghetti
2 łyżki oliwy z oliwek
1 szklanka obranego i posiekanego bakłażana
¾ szklanki posiekanej cebuli
1 mała czerwona papryka, posiekana (½ szklanki)
4 ząbki czosnku, posiekane
4 półdojrzałe czerwone pomidory, w razie potrzeby obrane i pokrojone na kawałki (około 2 filiżanek)
½ szklanki posiekanej świeżej bazylii

1. Rozgrzej piekarnik do 375° F. Wyłóż małą blachę do pieczenia papierem pergaminowym. Dynię spaghetti przekrój w poprzek na pół. Za pomocą dużej łyżki zeskrob nasiona i nitki. Połóż połówki dyni przeciętą stroną do dołu na przygotowanej blasze do pieczenia. Piec bez przykrycia przez 50 do 60 minut lub do momentu, aż dynia będzie miękka. Pozostawić do ostygnięcia na metalowej kratce przez około 10 minut.

2. W międzyczasie na dużej patelni rozgrzej oliwę z oliwek na średnim ogniu. Dodaj cebulę, bakłażany i paprykę; Gotuj 5 do 7 minut lub do momentu, aż warzywa będą miękkie, od

czasu do czasu mieszając. Dodaj czosnek; gotuj i mieszaj przez kolejne 30 sekund. Dodaj pomidory; Gotuj od 3 do 5 minut lub do momentu, aż pomidory będą miękkie, od czasu do czasu mieszając. Za pomocą tłuczka do ziemniaków lekko rozgnieć mieszaninę. Dodaj połowę bazylii. Przykryj i gotuj przez 2 minuty.

3. Użyj uchwytu do garnka lub ściereczki, aby połączyć połówki dyni. Za pomocą widelca zeskrob miąższ dyni do średniej miski. Rozłóż dynię na czterech talerzach. Pokryj równomiernie sosem. Posypać resztą bazylii.

NADZIEWANE GRZYBY PORTOBELLO

PRACA DOMOWA:Piec 35 minut: piec 20 minut: 7 minut
Wydajność: 4 porcje

DLA NAJSWIEZSZYCH PORTOBELLOS,SZUKAJ GRZYBOW, KTORE MAJA NIENARUSZONE LODYGI. SKRZELA POWINNY WYGLADAC NA WILGOTNE, ALE NIE MOKRE ANI CZARNE I POWINNY BYC SZEROKO ROZSTAWIONE. ABY PRZYGOTOWAC DOWOLNY RODZAJ GRZYBA DO GOTOWANIA, NALEZY GO OSUSZYC LEKKO WILGOTNYM RECZNIKIEM PAPIEROWYM. NIGDY NIE WKLADAJ GRZYBOW POD WODE ANI NIE ZANURZAJ ICH W WODZIE; SA BARDZO CHLONNE, STAJA SIE MIEKKIE I NASIAKAJA WODA.

4 duże grzyby portobello (w sumie około 1 funta)
¼ szklanki oliwy z oliwek
1 łyżka przypraw wędzonych (patrz<u>recepta</u>)
2 łyżki oliwy z oliwek
½ szklanki posiekanej szalotki
1 łyżka mielonego czosnku
1 funt boćwiny, usunięte i posiekane łodygi (około 10 filiżanek)
2 łyżeczki przypraw śródziemnomorskich (patrz<u>recepta</u>)
½ szklanki posiekanych rzodkiewek

1. Rozgrzej piekarnik do 200°F. Usuń łodygi z grzybów i zachowaj je do kroku 2. Czubkiem łyżki zeskrob skrzela z kapeluszy; odrzucić skrzela. Umieść czapki grzybów w prostokątnym naczyniu do pieczenia o pojemności 3 litrów; Posmaruj obie strony grzybów ¼ szklanki oliwy z oliwek. Zamknij kapelusze grzybów tak, aby boki łodygi były skierowane do góry. Posypać wędzoną przyprawą.

Przykryj tacę folią aluminiową. Piec pod przykryciem przez około 20 minut lub do miękkości.

2. W międzyczasie posiekaj łodygi zarezerwowanych grzybów; na bok. Aby przygotować boćwinę, usuń grube paski z liści i wyrzuć. Liście ziemniaków pokroić na duże kawałki.

3. Na bardzo dużej patelni rozgrzej 2 łyżki oliwy z oliwek na średnim ogniu. Dodaj szalotkę i czosnek; gotować i mieszać przez 30 sekund. Dodać posiekane łodygi grzybów, posiekaną boćwinę i przyprawę śródziemnomorską. Gotuj bez przykrycia przez 6 do 8 minut lub do momentu, aż boćwina będzie miękka, od czasu do czasu mieszając.

4. Podzielić masę ziemniaczaną pomiędzy kapelusze grzybów. Resztą płynu wlać do naczynia do zapiekania i umieścić na nim faszerowane grzyby. Posyp posiekanymi rzodkiewkami.

PIECZONA RADICCHIO

PRACA DOMOWA: 20 minut gotowania: 15 minut Wydajność: 4 porcje

RADICCHIO JEST SPOŻYWANE CZĘŚCIEJ JAKO CZĘŚĆ SAŁATKI, ABY NADAĆ PRZYJEMNĄ GORYCZKĘ POMIĘDZY MIESZANKĄ WARZYW, ALE MOŻNA JĄ RÓWNIEŻ SMAŻYĆ LUB GRILLOWAĆ SAMODZIELNIE. RADICCHIO MA LEKKĄ GORYCZKĘ, ALE NIE CHCESZ, ŻEBY BYŁA PRZYTŁACZAJĄCA. SZUKAJ MNIEJSZYCH PĄKÓW, KTÓRYCH LIŚCIE SĄ ŚWIEŻE I CHRUPIĄCE, A NIE ZWIĘDŁE. OBCIĘTY KONIEC MOŻE BYĆ LEKKO BRĄZOWY, ALE POWINIEN BYĆ PRZEWAŻNIE BIAŁY. W TYM PRZEPISIE ODROBINA OCTU BALSAMICZNEGO PRZED PODANIEM DODAJE SŁODYCZY.

2 duże główki radicchio
¼ szklanki oliwy z oliwek
1 łyżka przypraw śródziemnomorskich (patrz recepta)
¼ szklanki octu balsamicznego

1. Rozgrzej piekarnik do 200°F. Pokrój radicchio na ćwiartki, pozostawiając część rdzenia (powinieneś otrzymać 8 klinów). Posmaruj wycięte boki plasterków radicchio oliwą z oliwek. Ułóż łódki, przecięciem do dołu, na blasze do pieczenia; posypać przyprawą śródziemnomorską.

2. Grilluj przez około 15 minut lub do momentu, aż radicchio zwiędnie, obracając w połowie pieczenia. Umieść radicchio w misce. odrobina octu balsamicznego; natychmiast podawaj

PIECZONY KOPER WŁOSKI Z POMARAŃCZOWYM WINEGRETEM

PRACA DOMOWA: 25 minut pieczenia: 25 minut Wydajność: 4 porcje

ZACHOWAJ RESZTKI WINEGRETU DO WYRZUCENIA Z ZIELONĄ SAŁATĄ LUB PODAWAĆ Z GRILLOWANĄ WIEPRZOWINĄ, DROBIEM LUB RYBĄ. RESZTĘ WINEGRETU PRZECHOWUJ W SZCZELNIE ZAMKNIĘTYM POJEMNIKU W LODÓWCE DO 3 DNI.

- 6 łyżek oliwy z oliwek z pierwszego tłoczenia plus więcej do posmarowania
- 1 duża bulwa kopru włoskiego, przycięta, obrana i pokrojona w plasterki (w razie potrzeby zostaw liście do dekoracji)
- 1 fioletowa cebula, pokrojona w plasterki
- ½ pomarańczy, pokrojonej w cienkie plasterki
- ½ szklanki soku pomarańczowego
- 2 łyżki octu winnego białego lub octu szampańskiego
- 2 łyżki soku jabłkowego
- 1 łyżka zmielonych nasion kopru włoskiego
- 1 łyżeczka drobno startej skórki pomarańczowej
- ½ łyżeczki musztardy Dijon (patrz recepta)
- Czarny pieprz

1. Rozgrzej piekarnik do 200°C. Lekko posmaruj dużą blachę do pieczenia oliwą z oliwek. Na blasze do pieczenia ułóż plasterki kopru włoskiego, cebuli i pomarańczy; skrop 2 łyżkami oliwy z oliwek. Delikatnie wymieszaj warzywa, aby pokryły się olejem.

2. Grilluj warzywa przez 25 do 30 minut lub do momentu, aż warzywa będą miękkie i lekko rumiane, obracając je w połowie pieczenia.

3. W międzyczasie, aby przygotować pomarańczowy winegret, zmieszaj w blenderze sok pomarańczowy, ocet, cydr, nasiona kopru włoskiego, skórkę pomarańczową, musztardę Dijon i pieprz do smaku. Mikserem powoli, cienkim strumieniem dodawaj pozostałe 4 łyżki oliwy z oliwek. Kontynuuj mieszanie, aż winegret zgęstnieje.

4. Przełóż warzywa na talerz. Warzywa polej odrobiną winegretu. W razie potrzeby udekoruj zarezerwowanymi liśćmi kopru włoskiego.

KAPUSTA WŁOSKA W STYLU PENDŻABSKIM

PRACA DOMOWA: 20 minut Czas gotowania: 25 minut Wydajność: 4 porcje FIGA

TO NIESAMOWITE, CO SIĘ DZIEJE PO SKROMNĄ KAPUSTĘ, KTÓRA SMAKUJE NAJLEPIEJ UGOTOWANA Z IMBIREM, CZOSNKIEM, CHILLI I INDYJSKIMI PRZYPRAWAMI. PRAŻONE NASIONA MUSZTARDY, KOLENDRY I KMINKU DODAJĄ SMAKU I CHRUPKOŚCI TEMU DANIU. UWAŻAJ – JEST GORĄCO! CHILI Z PTASIEGO DZIOBA JEST MAŁE, ALE BARDZO MOCNE, A DANIE ZAWIERA RÓWNIEŻ JALAPEÑO. JEŚLI CHCESZ, ŻEBY BYŁO MNIEJ OSTRE, PO PROSTU UŻYJ JALAPEÑO.

- 1 2-calowy gałka świeżego imbiru, obrany i pokrojony w ⅓-calowe plasterki
- 5 ząbków czosnku
- 1 duże papryczki jalapeño, pozbawione łodyg, pozbawione nasion i przekrojone na pół (patrz chudy)
- 2 łyżeczki garam masala bez dodatku soli
- 1 łyżeczka mielonej kurkumy
- ½ szklanki bulionu z kości kurczaka (patrz recepta) lub niesolony bulion z kurczaka
- 3 łyżki rafinowanego oleju kokosowego
- 1 łyżka nasion czarnej gorczycy
- 1 łyżeczka nasion kolendry
- 1 łyżeczka nasion kminku
- 1 cały ptasi dziób chile (drzewo chile) (patrz chudy)
- 1 3-calowa laska cynamonu
- 2 szklanki cienko pokrojonych żółtych cebul (około 2 średnich)

12 szklanek jarmużu, wydrążonego, pokrojonego w cienkie plasterki (około 1 ½ funta)

½ szklanki świeżej kolendry, posiekanej (opcjonalnie)

1. Połącz imbir, czosnek, jalapeño, garam masala, kurkumę i ¼ szklanki bulionu z kości kurczaka w robocie kuchennym lub blenderze. Przykryj i przetwarzaj lub mieszaj, aż będzie gładkie; na bok.

2. Połącz olej kokosowy, nasiona gorczycy, nasiona kolendry, nasiona kminku, chili i cynamon na bardzo dużej patelni. Gotuj na średnim ogniu, często potrząsając patelnią, od 2 do 3 minut lub do momentu, aż laski cynamonu zaczną strzelać (ostrożnie, nasiona gorczycy wyskoczą i rozpryskują się podczas gotowania). Dodaj cebulę; gotuj i mieszaj przez 5 do 6 minut lub do momentu, aż cebula będzie lekko rumiana. Dodaj mieszaninę imbiru. Gotuj 6 do 8 minut lub do momentu, aż mieszanina będzie dobrze skarmelizowana, często mieszając.

3. Dodać kapustę i pozostały bulion z kości kurczaka; Dobrze wymieszać Przykryj i gotuj przez około 15 minut lub do momentu, aż kapusta będzie miękka, mieszając dwukrotnie. Odkryj patelnię. Gotuj i mieszaj przez 6 do 7 minut lub do momentu, aż kapusta lekko się zarumieni, a nadmiar kości kurczaka odparuje.

4. Wyjmij i wyrzuć laskę cynamonu i chili. W razie potrzeby posypać kolendrą.

DYNIA PIŻMOWA PIECZONA CYNAMONOWO

PRACA DOMOWA: 20 minut pieczenia: 30 minut daje: 4 do 6 porcji

SZCZYPTA PIEPRZU CAYENNE NADAJE TYM SŁODKIM, PIECZONYM KOSTKOM DYNI ODROBINĘ PIKANTERII. JEŚLI CHCESZ, ŁATWO TO POMINĄĆ. PODAWAJ TO PROSTE DANIE Z PIECZONĄ WIEPRZOWINĄ LUB KOTLETAMI SCHABOWYMI.

- 1 dynia piżmowa (około 2 funtów), obrana, pozbawiona nasion i pokrojona w kostkę o grubości ¾ cala
- 2 łyżki oliwy z oliwek
- ½ łyżeczki mielonego cynamonu
- ¼ łyżeczki czarnego pieprzu
- ⅛ łyżeczki pieprzu cayenne

1. Rozgrzej piekarnik do 200°F. W dużej misce wymieszaj dynię z oliwą z oliwek, cynamonem, czarnym pieprzem i pieprzem cayenne. Dużą blachę do pieczenia wyłóż papierem do pieczenia. Rozłóż dynię w jednej warstwie na blasze do pieczenia.

2. Grilluj przez 30 do 35 minut lub do momentu, aż dynia będzie miękka i złocista na brzegach, mieszając raz lub dwa razy.

GRILLOWANE SZPARAGI Z JAJKIEM W KOSZULCE I ORZECHAMI WŁOSKIMI

ZACZNIJ KOŃCZYĆ:Wydajność 15 minut: 4 porcje

TO WERSJA KLASYKAFRANCUSKIE DANIE WARZYWNE ZWANE ASPASMIMOSA, NAZWANE TAK, PONIEWAŻ ZIELONE, BIAŁE I ŻÓŁTE DANIE WYGLĄDA JAK KWIAT O TEJ SAMEJ NAZWIE.

1 funt świeżych szparagów, posiekanych

5 łyżek winegretu z pieczonego czosnku (patrzrecepta)

1 jajko na twardo, obrane

3 łyżki posiekanych orzechów włoskich, prażonych (patrzchudy)

świeżo zmielony czarny pieprz

1. Umieść ruszt piekarnika w odległości 4 cali od elementu grzejnego; rozgrzej grill do wysokiej temperatury.

2. Rozłóż szparagi na blasze do pieczenia. Skropić 2 łyżkami winegretu z pieczonym czosnkiem. Za pomocą rąk zwiń szparagi, aby pokryć je sosem winegret. Grilluj przez 3 do 5 minut lub do miękkości i miękkości, obracając szparagi co minutę. Przełożyć na talerz do serwowania.

3. Pokrój jajko na pół; Jajko przeciśnij przez sito nad szparagami. (Możesz także zetrzeć jajko na dużych oczkach tarki.) Wymieszaj szparagi i jajko z pozostałymi 3 łyżkami sosu winegret z pieczonego czosnku. Posypać orzechami i posypać pieprzem.

CHRUPIĄCA SAŁATKA Z KAPUSTY Z RZODKIEWKAMI, MANGO I MIĘTĄ

ZACZNIJ KOŃCZYĆ:Wydajność 20 minut: 6 porcji<u>FIGA</u>

3 łyżki świeżego soku z cytryny
¼ łyżeczki pieprzu cayenne
¼ łyżeczki mielonego kminku
¼ szklanki oliwy z oliwek
4 szklanki posiekanej kapusty
1 ½ szklanki bardzo cienkich rzodkiewek
1 szklanka pokrojonego w kostkę dojrzałego mango
½ szklanki posiekanej szalotki
⅓ szklanki posiekanej świeżej mięty

1. Do dekoracji, w dużej misce połącz sok z cytryny, pieprz cayenne i mielony kminek. Cienkim strumieniem dodawaj oliwę z oliwek.

2. Do dressingu w misce dodaj kapustę, rzodkiewki, mango, cebulę i miętę. Dobrze wymieszaj, aby połączyć.

CYTRYNOWE KRĄŻKI Z PIECZONEJ KAPUSTY

PRACA DOMOWA: 10 minut pieczenia: 30 minut daje: 4 do 6 porcji

- 3 łyżki oliwy z oliwek
- 1 średnia kapusta, pokrojona w plasterki o grubości 1 cala
- 2 łyżeczki musztardy typu Dijon (patrz recepta)
- 1 łyżeczka drobno startej skórki z cytryny
- ¼ łyżeczki czarnego pieprzu
- 1 łyżeczka nasion kminku
- Plastry cytryny

1. Rozgrzej piekarnik do 200°F. Posmaruj dużą blachę do pieczenia 1 łyżką oliwy z oliwek. Połóż gołąbki na blasze do pieczenia; na bok.

2. W małej misce wymieszaj pozostałe 2 łyżki oliwy z oliwek, musztardę Dijon i skórkę cytrynową. Posmaruj plasterki kapusty na blasze do pieczenia i upewnij się, że musztarda i skórka z cytryny są równomiernie rozłożone. Posypać pieprzem i nasionami kminku.

3. Grilluj przez 30 do 35 minut lub do momentu, aż kapusta będzie miękka i złocista. Podawać z cząstkami cytryny do wyciśnięcia kapusty.

PIECZONA KAPUSTA Z POMARAŃCZOWYM SPRAYEM BALSAMICZNYM

PRACA DOMOWA: 15 minut pieczenia: 30 minut Wydajność: 4 porcje

3 łyżki oliwy z oliwek
1 mała główka kapusty, obrana i pokrojona na 8 ćwiartek
½ łyżeczki czarnego pieprzu
⅓ szklanki octu balsamicznego
2 łyżeczki drobno startej skórki pomarańczowej

1. Rozgrzej piekarnik do 150°F. Posmaruj dużą blachę do pieczenia 1 łyżką oliwy z oliwek. Połóż plasterki kapusty na blasze do pieczenia. Posmaruj kapustę pozostałymi 2 łyżkami oliwy z oliwek i posyp pieprzem.

2. Grilluj kapustę przez 15 minut. Obróć plasterki kapusty; Grilluj przez kolejne 15 minut lub do momentu, aż kapusta będzie miękka, a brzegi złocistobrązowe.

3. W małym rondlu wymieszaj ocet balsamiczny i skórkę pomarańczową. Doprowadzić do wrzenia na średnim ogniu; wyciąć. Gotować na wolnym ogniu bez przykrycia przez około 4 minuty lub do momentu, aż objętość zredukuje się o połowę. Skropić plasterkami pieczonej kapusty; natychmiast podawaj

www.ingramcontent.com/pod-product-compliance
Lightning Source LLC
LaVergne TN
LVHW021707060526
838200LV00050B/2540